내 · 일 · 의 · 경 · 제 · 를 · 읽 · 는 · 힘

# 2025년 경제大전망

contents

# 2025년 경제大전망

prologue      6

introduction      8

CHAPTER

## 1

글로벌 경제 향방은

### 피벗의 시대, 글로벌 경기 살아날까      14
**김광석** 한국경제산업연구원 경제연구실장

### 미국 경제 어디로      20
**이현훈** 강원대 국제무역학과 교수

### 중국, 경제 침체 벗어날 수 있을까      26
**이치훈** 국제금융센터 신흥경제부장

### '이시바노믹스', 일본 경제 불씨 되살릴까      32
**이지평** 한국외국어대 융합일본지역학부 특임교수

**CHAPTER**

**2**

글로벌 경제 움직일 변수들

미·중 갈등 계속될까, 잦아들까     40
**정구연** 강원대 정치외교학과 부교수

러·우크라 및 중동 전쟁,
글로벌 경제에 미칠 파장은     45
**엄태윤** 한양대 국제학대학원 글로벌전략·정보학과 대우교수

'탄소 제로' 정책의 영향은     50
**곽지혜** 한국에너지기술연구원 태양광연구단장

AI·로봇 진화가 미칠 영향은     56
**최연구** 부경대 과학기술정책학과 겸임교수


**CHAPTER**

**3**

한국 경제 전망

경제 성장, 글로벌 평균 상회할까     64
**이부형** 현대경제연구원 이사대우

수출 경쟁력 되살아날까     70
**장상식** 한국무역협회 동향분석실장

금리 인하 기조 계속될까     76
**김정식** 연세대 경제학부 명예교수

부동산 시장 어떻게 움직일까     80
**이광수** 광수네복덕방 대표

# contents

**CHAPTER 4**

한국 산업 전망

반도체 산업의 지형 재편될까     **88**
김용석 가천대 반도체대학 석좌교수

AI·로봇 상용화 어디까지     **93**
이경준 한국로봇산업협회 국장

전기차, 악재 딛고 계속 달릴까     **98**
조철 한국산업연구원 선임연구위원

건설 업계, 부동산 PF 딛고 연착륙 가능할까     **102**
이은형 대한건설정책연구원 연구위원

이커머스 업계 판도는 어떻게     **108**
구진경 산업연구원 서비스미래전략실 실장

배터리3사 글로벌 경쟁력 유지할 수 있나     **114**
최재희 대외경제정책연구원 전문연구원

항공 업계, 실적 회복 가능할까     **120**
황용식 세종대 경영학과 교수

비만치료제 '위고비' 다음은     **126**
배진건 이노큐어테라퓨틱스 상임고문

은행들, 규제와 경쟁 속 방향성은     **131**
이수영 하나금융연구소 연구위원

동학개미 떠나는 증권 업계 생존 전략은     **136**
홍춘욱 프리즘투자자문 대표

CHAPTER

# 5

투자 가이드

## 국내주식
**염승환** LS증권 이사·연구원 144

## 해외주식
**박세익** 체슬리투자자문 대표 150

## 국내펀드
**김대종** 세종대 경영학부 교수 156

## 해외펀드
**김후정** 유안타증권 연구원 162

## 가상자산
**김민승** 코빗 리서치센터장 167

## 금융상품
**오건영** 신한은행 WM 팀장 172

## 연금
**김동엽** 미래에셋투자와연금센터 상무 176

## 아파트·상가·오피스텔
**진미윤** 명지대 부동산대학원 교수 181

## 재개발·재건축
**김선철** 무궁화신탁 도시재생사업부문 대표 186

## 불확실성에 휩싸인세계경제
## 생존 넘어 재도약할 기회

권오용
이코노미스트 편집국장

**불확실성이 세계경제를 짓누르고 있다.** 코로나19 엔데믹으로 활기를 되찾을 것이라는 기대감은 인플레이션 우려로 각국 중앙은행이 금리 인상에 나서고, 미국과 중국의 기술 패권 경쟁, 러시아와 우크라이나 전쟁 장기화, 이스라엘과 중동 전쟁 등으로 불확실성의 먹구름이 드리우며 차갑게 식어갔다.

미국 대통령 선거가 끝나면 일부 불확실성이 걷힐 것이라는 기대도 있었다. 고령 우려가 제기된 조 바이든 미국 대통령을 대신해 카멀라 해리스 민주당 후보가 공화당 후보인 도널드 트럼프 전 대통령을 꺾을 수 있을 것이라는 희망 섞인 예측이 있었기 때문이다. 실제로 미 대선 직전까지도 박빙일 것이라는 전망이 많았지만, 막상 뚜껑을 열자 트럼프 전 대통령의 압승이었다. '스트롱맨의 귀환'은 전 세계를 긴장하게 했다. 트럼프 1기 당시 '미국을 다시 위대하게'(Make America Great Again)를 외치며 자국 우선주의와 보호무역주의를 강하게 추진했는데, 이번 대선에서도 이 같은 기조를 바꾸지 않아서다. 오히려 더 강력한 자국 우선주의를 내세웠으며, 공화당이 상원과 하원의 다수당을 차지하는 '레드 스위프'(red sweep)까지 달성하며 의회를 장악하면서 트럼프 2기는 그야말로 '슈퍼 트럼피즘'을 펼칠 수 있게 됐다.

세계경제의 불확실성은 더욱 커졌다. 트럼프 2기 행정부는 조 바이든 행정부의 주요 정책을 빠르게 뒤집을 것으로 전망되기 때문이다. 보편적 관세 부과와 대미 투자 기업에 대한 보조금 폐지 등이 대표적이다. 대선 공약으로 내세운 10~20% 보편적 관세는 우방도 예외가 되지 않을 것이라는 전망이 우세해 전 세계가 '관세 전쟁'으로 몸살을 앓을 것으로 보인다. 반도체 지원법(칩스법)과 인플레이션 감축법(IRA) 축소 또는 폐기가 전망돼 반도체·자동차·배터리 시장의 판도가 요동칠 정도로 변화가 예상된다. 이 같은 자국 우선주의 정책은 금리 정책과 외교·안보 정책 등 거의 모든 분야에서 추진될 것이 확실해 중국과 유럽연합(EU) 등 세계경제의 성장률 둔화가 당연한 것으로 받아들여지고 있다.

트럼프발 불확실성만큼이나 휘청이는 중국경제는 글로벌 경제의 변동성을 키우는 악재다. 중국경제는 부동산 시장의 침체, 청년 실업률 증가, 글로벌 수요 감소 등으로 둔화세다. 중국 정부가 금리 인하, 부동산 대출 완화, 예산 조기 투입 등 각종 경기부양책을 쏟아부었지만, 약발이 오래가지 못했다. 엎친 데 덮친 격으로 트럼프 2기가 중국 제품에 60% 이상의 징벌적 관세율을 부과하는 등 첫 집권기보다 더 노골적으로 견제할 것으로 보여 중국경제는 더 깊은 침체 수렁에 빠질 가능성이 있다. 이에 한국을 비롯해 중국을 주요 교역국으로 두고 있는 국가들에 대한 타격은 불가피해 보인다. 세계경제를 예측 불허의 상황으로 몰아넣는 요인들은 이뿐이 아니다. 러시아와 우크라이나, 이스라엘과 중동을 덮은 화약 냄새가 사라질 기미를 보이지 않고 있다는 점과 인공지능(AI)·디지털화·자동화 등 빨라진 기술 발전으로 전통 산업 구조와 일자리 시장의 변화가 가속화하고 있다는 점도 불확실성을 키우고 있다. 잦은 이상 기후와 자연재해는 농산물 생산, 에너지 공급, 물류 등을 불안정하게 하고, 이는 물가 상승과 공급망 문제를 악화시켜 경제 불확실성을 가중하는 요인으로 자리 잡았다.

세계를 휘감고 있는 불확실성과 변동성은 2025년 더욱 크게 확대될 전망이다. 이에 따라 세계경제, 특히 한국의 대내외 경제 환경은 그 어느 때보다 엄중한 도전에 직면할 것으로 예상된다. 프리미엄 경제지 [이코노미스트]는 K-경제를 생존을 넘어 비상의 길로 안내하는 길라잡이가 되기 위해 경제 전문가들의 혜안과 통찰을 담은 '2025 경제大전망'을 발간한다. 2025년 경제 흐름을 살펴보는 전문가들을 대상으로 한 설문조사를 시작으로, CHAPTER-1에서 미국·중국·일본의 경제 향방을 전망하고, CHAPTER-2에서는 글로벌 경제를 움직일 변수들을 짚어본다. CHAPTER-3에서는 한국 경제성장률, 수출 경쟁력, 금리, 부동산 시장의 움직임을 관측하고, CHAPTER-4에서 반도체, 전기차, 배터리, 은행, 증권 등 주요 한국 산업의 향방을 살펴본다. CHAPTER-5에서는 국내외 주식 및 펀드, 가상자산, 재개발·재건축 등에 대한 투자 가이드를 제시한다. 불확실성의 먹구름을 걷어내고 성공의 길을 찾는 데 도움이 되길 바란다. E

# 2025년 韓 경제성장률 전망 2.0~2.5%, 세계경제 변수는 '트럼프'

**이병희**
이코노미스트 경제팀장

**우리나라의 2025년 경제성장률은 2024년과 비슷하나 다소 좋지 않을 것이라는 전망이 나왔다.** 우리 경제의 핵심인 수출 경쟁력이 떨어질 수 있다는 우려가 영향을 미친 것으로 풀이된다. 2024년 11월 [이 코노미스트]가 2025년 한국을 포함한 글로벌 경제 상황에 관해 국내 경제 전문가 30명에게 설문한 결과 21명(63%)이 2025년 한국의 경제성장률을 2% 이상~ 2.5% 미만 수준으로 전망했다. 이는 국제통화 기금(IMF)이 2024년 10월 발표한 2024년 우리나라 경제성장률 전망치와 비슷한 수준이다. IMF는 '세계경제전망'(WEO)을 통해 2024년 한국의 경제성장률 전망치를 7월과 같은 2.5%로 유지했다. 한국개 발연구원(KDI)도 한국경제가 2.2% 성장할 것으로 예상했다.

2024년보다 2025년의 경제 상황을 어둡게 보는 것은 수출 경쟁력이 나아질 것이란 기대감이 비교 적 낮게 나타났기 때문이다. 경제 전문가 30명 가운데 12명은 수출 경쟁력이 2024년과 비슷한 수준일 것으로 전망(40%)했지만, 11명(36.67%)은 2024년보다 경쟁력이 작아질 것으로 예상했다. 경쟁력이 커 질 것으로 예상한 답변은 5명(17%)에 불과했다. 경쟁력 약화를 우려하는 배경으로는 '인구고령화와 부

## 경제 전문가 30인 예상한 2025년 국내외 경기 전망 설문 조사 결과 (단위:%)

### 2024년과 비교해 2025년 글로벌 경기 전망은?

조금 좋아질 것
조금 나빠질 것
3.33 20.0 36.67 40.0
매우 좋아질 것
비슷한 수준일 것

### 한국의 경제성장률 전망은?

3% 이상 - 0.0
2.0% 이상 ~ 2.5% 미만
1.5% 미만   모름
3.33 63.33 20.0 3.33 10.0
2.5% 이상 ~ 3% 미만
1.5% 이상 ~ 2% 미만

### 한국의 수출 경쟁력 전망은?

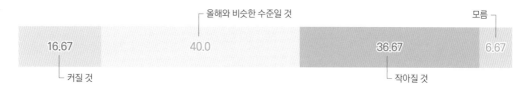

올해와 비슷한 수준일 것
모름
16.67 40.0 36.67 6.67
커질 것
작아질 것

동산 주도 성장 정책으로 인한 우리나라의 잠재성장력 및 수출경쟁력 약화'와 '트럼프 2기 행정부의 수입 관세 인상 등 중상주의 정책의 영향'이라는 설명이 이어졌다. 이 밖에 '반도체 경쟁력 약화', '중국의 추격'도 우리 기업의 경쟁력을 약화하는 요소로 거론됐다.

부동산 시장에 대한 전망은 상승론과 하락론이 비슷한 수준으로 양분됐다. 2024년만큼 상승할 것이라는 예상을 내놓은 응답이 6%, 완만한 상승세를 보일 것으로 전망한다는 답변은 33%였다. 반면 정체기에 접어들 것이라는 응답은 20%, 완만한 하락세를 보일 것이라는 전망도 20% 수준이었다. 수도권에서는 부동산 가격이 오르겠지만, 지방은 하락하는 등 양극화가 심화할 것이라고 예상한 응답은 10%

## 경제 전문가 30인 예상한 2025년 국내외 경기 전망 설문 조사 결과 (단위:%)

**부동산 시장 가격 전망은?**

완만한 상승세를 보일 것 — 정체기에 접어들 것 — 완만한 하락세를 보일 것 — 모름

6.67 | 33.33 | 20.0 | 20.0 | 10.0 | 10.0

올해만큼 상승할 것 / 수도권은 상승, 지방은 하락 등 양극화가 심화할 것 / 급락할 것 – 0.0

**AI 관련 산업 전망은?**

관심의 정도는 비슷하겠지만, 관련 산업은 성장할 것 — 현재와 비슷한 수준일 것

40.0 | 40.0 | 6.67 | 13.33

올해보다 훨씬 더 많은 관심을 받으며 성장할 것

관심의 정도는 비슷하겠지만, 관련 산업은 크게 성장하지 못할 것

관심도 줄어들고 관련 산업 역시 성장하지 못할 것 – 0.0

로 나타났다.

　2024년만큼 부동산 가격이 상승할 수 있다고 답한 한 응답자는 "미국이 금리를 인하하며 유동성이 공급되므로, 우리 정부가 가산금리 및 대출 조이기로 부동산 가격 상승을 막고 있는 상태가 오래가지 못할 것"이라고 설명했다. 반대로 우리 국민의 소득 수준에 비해 현재 부동산 가격이 너무 많이 올랐다는 의견과 수요 위축이 본격화함에 따라 부동산 가격 하락이 예상된다는 설명도 있었다.

　그렇다면 경제 상황에 직접적인 영향을 줄 수 있는 '기준금리'는 어떻게 움질일까. 전문가 30명 가운데 20명은 한국은행이 적어도 한 번 이상 기준금리를 인하할 것으로 전망했다. 두 번 이상 금리를 인하할 것으로 예상한 사람은 12명(40%), 한 차례 내릴 것으로 전망한 사람은 8명(26%)이었다. 이들은 우리나라의 경기 부진과 인플레이션, 미국의 기준금리 인하 영향이 한국은행 결정에 영향을 미칠 것으로 예상했다. 반면 현재 금리 수준을 유지할 것이라는 응답은 3명(10%)이었고 한 번 인상(3%), 두 번 인상(6%)을 예상한 사람의 합이 3명이었다.

미국과 중국, 일본을 포함한 글로벌 경제는 어떤 모습을 보일까. 경제 전문가들은 2024년과 비교해 전 세계경제가 비슷(36%)하거나 조금 나빠질 수 있다(40%)고 전망했다. 매우 좋아질 것이라는 응답은 1명(3%)에 불과했고, 조금 좋아질 것으로 예상한다는 답변은 6명(20%)이었다.

## 한국도 미국도 세계도…'트럼프'에 쏠린 눈

눈여겨볼 점은 글로벌 경기가 나빠질 것이라는 응답자의 상당수가 '트럼프 리스크'를 언급했다는 것이다. 응답자들은 "트럼프 2기 정부가 관세 장벽을 높이면 세계 각국이 경쟁적으로 보호무역을 강화할 수 있다"며 "이는 무역과 경기를 위축시키고 세계경제에 불확실성을 높이는 등 부정적 영향을 미칠 수 있다"고 판단했다. 이런 트럼프 효과는 '미·중 갈등 지속', '러시아-우크라이나 전쟁'과 '중동 지역 분쟁' 등에도 결정적인 영향을 미칠 가능성이 크다고 보는 의견이 많았다.

우리 경제에 밀접한 영향을 주는 개별 국가 가운데서는 미국과 중국의 경제 상황이 2024년보다 다소 나빠질 것이라는 전망이 이어졌다. 미국 경기가 올해와 비슷할 것이라는 의견은 30% 수준이었는데, 조금 좋아질 것이라는 예상은 8명(26%), 매우 좋아질 것이라는 응답은 1명(3%)이었다. 반면 조금 나빠질 것으로 예상한 응답자는 11명(36%) 수준이었다. 트럼프 행정부의 내수 부양 정책과 관세 정책을 두고서는 미국경제에 도움이 될 것이라는 의견과 미국에도 타격이 있을 것이라는 예상이 동시에 나타났다.

중국은 2024년보다 상황이 나빠질 것이라는 의견이 50%에 달했다. 조금 나빠질 것으로 예상한 응답은 13명(43%), 매우 나빠질 것이라는 전망은 2명(6%)이었다. 이런 배경에는 미·중 대립이 이어지는 가운데 트럼프 행정부의 중국에 대한 초강력 관세정책이 악재가 될 수 있다는 설명이 이어졌다. 트럼프 당선인은 미국 대선 유세 기간에도 중국에는 60%의 관세를 물려야 한다는 주장을 편 바 있다.

이런 가운데서도 중국의 부동산 시장 움직임에 대한 전문가들의 예상은 엇갈렸다. 부동산 경기 둔화와 내수 시장 침체로 경기부양 효과가 제한적일 것이라는 의견도 있었지만, 중국 정부의 재정정책으로 부동산 문제가 해결되고 분위기가 바뀌며 2025년 상황이 나아질 수 있다는 예상도 함께 나왔다.

일본에 대해서는 2024년보다 경기가 조금 좋아질 것이라는 전망(40%)이 우세했다. 실질임금 상승과 소비 회복세가 일본경제에 활력을 불어넣을 것이라는 설명이다.

전문가들이 가장 비슷한 생각을 가진 분야는 AI 관련 산업의 성장이었다. 응답자의 80%가 AI 산업이 2025년에도 성장할 것으로 예상했다. 이들 중 절반은 AI 산업이 2024년보다 훨씬 더 많은 관심을 받을 것이라고 내다봤다. 관련 산업이 크게 성장하지 못할 것으로 전망한 의견은 13% 수준이었다. 🗉

# CHAPTER 1

# 글로벌 경제 향방은

피벗의 시대, 글로벌 경기 살아날까

미국 경제 어디로

중국, 경제 침체 벗어날 수 있을까

'이시바노믹스', 일본 경제 불씨 되살릴까

# 저성장 고리에 갇힌 세계경제
# **피벗의 시대, 어떻게 대응할까**

**김광석**
한국경제산업연구원 경제연구실장

점진적으로
기준금리를 인하하는
피벗의 시대에는
점진적인 돈의 이동이
일어날 것이다.
먼저, 부동산 시장으로의 돈의 이동은
큰 틀에서 지속될 가능성이
높다고 판단한다.

2024년 7월 IMF가 세계경제전망 보고서를 발표할 때 홈페이지에 게시한 그림. [사진 IMF, 김광석 한국경제산업연구원 경제연구실장]

**다른 시대가 시작됐다.** 인구학자라면 인구구조 변화를 기준으로 시대를 정의할 것이고, 과학자라면 기술 패러다임 변화를 중심으로 인공지능(AI) 시대 등으로 이 시대를 이름 지을 것이다. 지정학자라면 신냉전 시대라 명명할 것이고, 정치학자라면 혼돈의 시대라 구분 지을 법하다.

## 피벗의 시대

'피벗(통화정책 전환)의 시대'가 왔다. 2024년 하반기, 경제학적 관점에서 다른 시대가 온 것임에는 틀림이 없다. 피벗(Pivot)은 '방향 전환'을 뜻하는 용어다. 기준금리를 인상하는 긴축적 통화정책 기조에서 기준금리를 인하하는 완화적 통화정책 기조로의 전환(혹은 그 반대)을 피벗이라고 한다. 미국은 2024년 9월 4년 반만에 기준금리 인하를 단행했다. 유로존·영국·캐나다·스위스·스웨덴 등 주요국들도 이미 미국보다 먼저 피벗을 시작했다. 한국은행도 2024년 10월 11일 기준금리 인하를 단행했다.

금리 인하 이후의 세계를 그림 그려야 한다. 점진적으로 기준금리를 인하하는 피벗의 시대에는 점진적인 돈의 이동이 일어날 것이다. 먼저, 부동산 시장으로의 돈의 이동은 큰 틀에서 지속될 가능성이 높다고 판단한다. 주식시장 관점에서도 시중 금리가 하락할 때 추가로 자금 유입이 기대되는 것이 사실이다. 다만, 미·일 간의 금리 격차가 좁혀지는 과정에서 엔 캐리 트레이드(값싼 엔화를 빌려 고금리 해외 자산에 투자하는 것) 청산 절차가 단행될 수 있다. 이 경우 일시적인 큰 폭의 조정이 있을 수 있다.

시중 금리의 하락은 경기부양 효과로 작용할 것이다. 2024년까지는 미국의 ▲상업용부동산 부실 ▲중국의 부동산개발업체 도산 ▲한국의 부동산프로젝트파이낸싱(PF) 부실 등과 같은 불안 요인들이 금리 인상의 효과로 나타난 것으로 판단할 수 있다. 점진적인 금리인하는 불안 요인을 점차 제거해 줄 것이다. 기업들은 상대적으로 낮아진 금리를 활용해 신사업 진출 등의 투자를 할 가능성이 높다. 다만 세계 경제가 저성장으로 굳어지고 있는 국면에서 나타나는 하방 압력이 함께 작용할 것이기 때문에 경기 사이클이 뚜렷한 성장 국면으로 전환되기에는 한계가 있을 것으로 판단된다.

## 2025년 세계경제 전망

세계경제가 꽉 막힌 도로 같다. 조금씩 나아가고는 있으나, 속도가 너무 더뎌서 운전자의 심정은 답답하기만 하다. IMF(국제통화기금)는 경제전망보고서를 발표하면서 "The Global Economy In a Sticky Spot"이라는 부제를 사용해 2024~2025년 동안 세계 경제가 저성장의 고리에 갇혀 있는 모습을 비유적으로 표현했다.

IMF는 2025년 세계 경제성장률을 3.2%로 전망했다. 2024년의 성장률 3.2% 수준을 유지하면서, 매우 더디고 미약한 경기 흐름을 지속할 것이라는 전망이다. 더욱이, 10년 장기 세계 경제성장률이 3.7% 수준임을 고려하면, 2023~2025년 동안 불황의 늪에서 빠져나오지 못한 상황이라고 볼 수 있다.

2020년 코로나19 팬데믹의 충격에서 벗어나기 위해 세계 각국은 막대한 유동성을 공급했고, 그 부작용으로 2021년 하반기 인플레이션 현상이 나타나기 시작했다. 2022년 러시아의 우크라이나 침공으로 공급 대란이 발생했고, 인플레이션의 불에 기름을 부었다. 2022년 중반 세계경제는 41년 만에 찾아온 초인플레이션이 발생했다. 2024년 중반까지 강한 금리 인상과 유동성 축소라는 고강도 긴축의 시대에 놓였다. 세계경제는 2022~2024년까지 고물가와 고금리의 강한 하방 압력을 받았고, 2025년에는 인플레이션 완화와 금리 인하가 진전되더라도 과거의 고성장으로 되돌아가지 못하는 불황의 늪에 빠지게 된다.

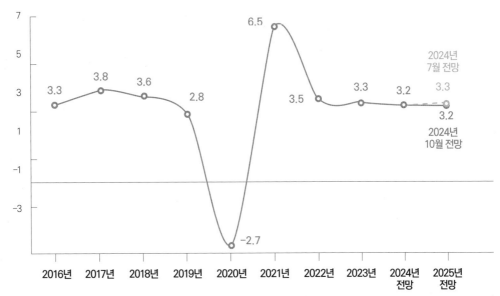

**IMF의 2025년 세계경제 전망** (단위:%)

자료:IMF(2024.10.) World Economic Outlook, 김광석 한국경제산업연구원 경제연구실장]

　IMF뿐만 아니라, OECD·세계은행·WTO와 같은 국제기구들은 한목소리를 내고 있다. 세계 주요 국제기구들은 공통적으로 2025년 세계경제가 점차 회복될 것이지만, 그 회복세가 더디고 2020년 이전 수준의 성장세를 재현하기 어려울 것으로 전망한다.

　OECD도 세계 경제성장률이 2024년 3.2%에서 2025년 3.2%로 유지될 것으로 전망했다. 인플레이션이 점차 완화되고, 기준금리를 인하하는 단계에 진입함에도 불구하고 경제회복세가 미약할 전망이다. 그 이유는 세계 주요국들이 과도한 부채에 의존해 왔고, 충격에 대응하기 위해 재정 상황이 악화할 대로 악화했기 때문이다.

　세계은행(World Bank)은 2023년 2.6%, 2024년 2.6%에서 2025년 2.7%로 세계 경제성장률이 완만하게 상승할 것으로 전망했다. 2022~2025년 동안 세계경제는 장기 평균 성장률 3.4%를 크게 밑도는 것으로 평가한다. 5년 단위의 성장률을 기준으로 해도, 2020~2024년 세계 경제성장률이 2.1%로

1990년대 이래로 가장 낮다고 진단했다. 2025년에도 이러한 저성장 기조에서 벗어나지 못할 것이라는 판단은 경제 주체의 희망마저 잃게 만든다.

## 피벗의 시대, 어떻게 대응해야 할까?

가계는 금리 인하 이후의 경제 시나리오에 맞게 대응할 필요가 있다. 돈의 이동과 역행하는 일이 있어서는 안 되겠다. 돈의 이동은 곧 수요의 이동을 뜻하고, 돈이 이동하는 자산시장은 가격이 상승하게 될 것이다. 다만, 주요국들의 금리 차가 축소되거나 벌어지는 과정에서 환율의 급변 등이 발생하고, 엔 캐리 청산 등의 변수들이 작용할 수 있기 때문에 그러한 리스크를 모니터링하는 것도 매우 중요하다. 통화정책 기조의 전환이 신중하듯, 가계의 투자 의사 결정도 '돌다리를 두들겨 보며' 움직여야 하겠다.

정부는 피벗의 시대에 나타날 부작용들을 최소화하는 데, 노력을 집중해야 한다. 자산 양극화 현상은 가장 경계해야 할 부작용이다. 상대적 박탈감을 느끼는 소외계층은 절망과 좌절감을 느낄 수 있다. 금리가 떨어질 때 가계부채가 빠른 속도로 늘어나고 금융 불안이 증폭될 수 있다. 경제 주체가 과도한

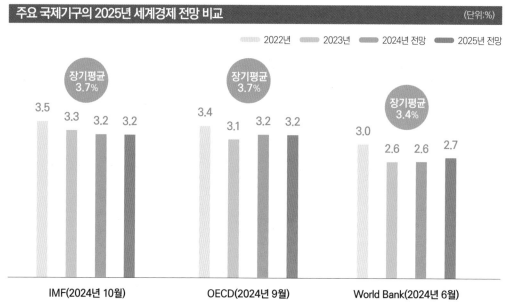

주요 국제기구의 2025년 세계경제 전망 비교 (단위:%)

자료: IMF, OECD, World Bank, 김광석 한국경제산업연구원 경제연구실장

빚에 의존해 무리하게 투기하는 움직임이 일어나지 않도록 예방적 지침을 마련해야 한다.

기업들이 신사업·신시장으로 진출할 수 있도록 독려해야 한다. 거시경제 여건이 전환되고 있는데, 불합리한 규제들이 기업들의 발목을 잡게 놔둬서는 안 된다. 신사업을 시도하려는 기업들이 인력 부족에 어려움을 느끼지 않도록 산업에 특화된 인재를 양성하는 프로그램들을 확충해야 한다. 유망산업을 중심으로 R&D 예산을 확충해 민간 R&D 예산이 마중물 역할을 할 수 있도록 유도해야 한다. 미래 유망한 신흥국들로 수출 시장을 다변화할 수 있도록 해외 바이어를 매칭해 주고, 기술 교류 및 사업 협력의 장을 마련해야 한다. E

# 미국 경제 어디로

트럼프가 쏘아 올린 무역전쟁
# 미국을 위대하게 vs 2차 대공황 우려

**이현훈**
강원대 국제무역학과 교수

관세 폭탄은
중국뿐 아니라 유럽 등
전통적 우방국의
무역 보복을 초래할 수밖에 없다.
결국 미국과 세계가
중상주의식 보호무역주의로
회귀하게 되고,
트럼프가 쏘아 올릴 관세전쟁은
모두가 지는 전쟁이 될 것이다.

**2017년 1월 20일 시작된 트럼프 1기 행정부는 미국과 중국의 '무역전쟁'의 문을 열었다.** 2025년 1월 20일 출범하는 트럼프 2기 행정부는 이 무역전쟁을 세계적인 무역전쟁으로 확산시킬 것이다.

트럼프 2기 행정부의 구호는 트럼프 1기 행정부에 이어 '미국을 다시 위대하게'(Make America Great Again·MAGA)다. MAGA는 미국의 경제적·군사적·외교적 우위를 다시 회복하겠다는 도널드 트럼프 미국 대통령 당선인의 강력한 의지를 담고 있다. 이 구호는 로널드 레이건 전 미국 대통령이 1980년 대선 캠페인에서 처음 사용한 표현이다.

1970년대 미국은 베트남 전쟁과 석유 위기 등으로 정치적·경제적·문화적 측면에서 혼란에 빠져 있었다. 특히 스태그플레이션(경제 침체와 물가 상승이 동시 발생)으로 고통받던 시기였다. 레이건 전 대통령의 MAGA는 미국이 과거 번영을 회복하고 강력한 국제적 위상을 찾겠다는 뜻이었다.

이를 위해 레이건 전 대통령은 기업 법인세와 개인 소득세를 대폭 인하하고, 정부의 시장 개입을 최소화해 기업 규제를 완화하고 경제 성장을 도모했다. 또, 메디케이드를 비롯한 복지 프로그램을 축소해 연방정부의 지출을 줄이는 정책을 추진했다. 레이건 전 대통령의 정책으로 미국 경제는 스태그플레이션에서 벗어났다. 하지만 미국의 소득불평등은 악화했고 재정적자와 국가부채는 증가했다.

미국은 동시에 소련과의 냉전에서 우위를 점하기 위해 군사 예산을 대폭 증액하며 반공 정책을 펼쳤다. 레이건 전 대통령도 소련을 '악의 제국'(Evil Empire)으로 규정하고, 군사 압박과 함께 경제 제재를 병행했다. 이런 정책으로 소련은 미국과의 군비 경쟁에서 패배했다. 이는 소련의 해체로도 이어졌다. 레이건 전 대통령이 대내적으로 보수주의 기틀을 공고히 하고, 대외적으로 당시 'G2'로 미국과 겨뤘던 소련을 붕괴시킨 셈이다.

트럼프는 '더 강력한' 레이건 전 대통령의 부활이다. 트럼프는 레이건 전 대통령의 MAGA를 새롭게 브랜드화했을 뿐만 아니라 더욱 강화했다. 트럼프는 세계주의와 자유무역으로 미국의 제조업이 쇠퇴하고 중산층이 어려움을 겪는 점에 분노한다. 무역 상대국이 미국 시장에서 물건을 팔지만, 자신들은 미국의 상품을 사지 않는다고 분노한다. 트럼프가 모든 수입 상품에 대해 10~20%의 보편관세를 부과하려는 이유다.

트럼프는 무역이 균형을 이룰 때만 공정하다고 본다. 이는 트럼프가 선거 유세 기간 미국의 시사 주간지 '타임'과 인터뷰하며 트럼프 1기 행정부 시절 앙겔라 메르켈 독일 총리와 나눴던 대화 내용을 언급한 데서 드러난다. 해당 잡지에 따르면 트럼프는 메르켈 총리에게 "독일 베를린에 쉐보레 자동차가 몇 대나 있나"라고 물었고, 메르켈 총리는 "한 대도 없다"라고 답했다. 그러자 트럼프는 "바로 그것이다. 우리(미국)만 독일 차를 많이 수입하는 것이 공정한가?"라고 질문했다. 메르켈 총리는 이에 대해 "공정하지 않다. 하지만 그동안 아무도 그걸 문제 삼지 않았다"라고 대답했다. 이 외에도 트럼프는 "유럽연합(EU)은 미국의 농산물과 자동차를 포함해 아무것도 사지 않는데, 이는 일방통행과 같은 것이며 미국에 매우 잔인한 일"이라고도 언급한 바 있다.

트럼프 2기 행정부의 외교·통상 정책은 1기 행정부에 이은 '미국 우선주의'(America First)다. 트럼프에게 '우방'의 기준은 이념이 아니라 경제적 이익이다. 하지만 트럼프는 1기 행정부 시절 속도를 낸 중국과의 무역전쟁을 더욱 강하고 광범위하게 벌일 것이다. 트럼프는 이미 대선 공약으로 중국 제품에 최대 60%의 관세를 부과하겠다고 밝혔다.

트럼프는 관세 이외에도 다양한 방법으로 중국의 경제적·군사적 부상을 견제할 것이다. 미국의 첨단 기술은 물론, 반도체와 인공지능(AI), 5세대 이동 통신(5G)과 관련한 기술이 중국 기업에 이전되는 것을 강력하게 제한할 것이다.

실제 트럼프 1기 행정부 시기, 화웨이와 ZTE를 비롯한 중국의 기술 기업은 미국의 무역 블랙리스트인 '수출 통제 명단'(entity list)에 이름을 올렸다. 이로써 중국 기업에 기술과 부품을 판매하려는 미국 기업은 사전에 미국 정부의 허가를 받아야 했다. 실질적으로 미국 기업이 중국 기업과 거래하기 어려워진 셈이다.

트럼프 1기 행정부는 외국인투자심의위원회(CFIUS)를 통해 중국 자본이 미국의 전략산업에 투입될 수 없도록 조치했다. 미국 기업과 자산운용사가 중국의 주요 기업과 금융시장에 투자하지 못하도록 규제하면서. 2019년에는 중국을 환율조작국으로 지정해 중국이 위안화 가치를 낮춰 수출 경쟁력을 유지하지 못하도록 압박도 가했다.

이 외에도 트럼프 1기 행정부는 미국산 천연가스(LNG)와 원유 수출을 늘리기 위해 중국의 에너지 수입을 확대하는 조건을 무역 협상에 포함했으며 미국 농산물, 특히 대두와 옥수수 구매를 강요해 중국이 미국 농업 시장에 의존하도록 만들었다. 중국이 세계보건기구(WHO)와 세계무역기구(WTO)를 비롯한 국제기구에서 영향력을 확대하는 것을 견제해 미국의 주도권도 강화하려 했다.

당시 미국은 중국의 남중국해 영유권 주장에 대해서도 강하게 반대하며, 미 해군의 자유항행작전(FONOP)을 강화했다. 중국의 반발에도 불구하고 대만에 첨단 무기를 판매했고 대만과의 비공식 외교관계를 강화했다. 미국의 군사 및 국방산업에 중국산 부품이 포함되지 않도록 공급망을 다시 구축했다. 홍콩의 민주화 운동을 지지했고, 중국의 홍콩 국가보안법 제정을 강하게 비판했다. 홍콩에 대한 특별경제 지위를 철회하고 중국의 소수민족 위구르에 대한 탄압을 비판하며 관련 인사와 기관에 제재도 가했다. 위구르 인권법을 제정해 강제노동으로 생산된 중국산 제품 수입도 제한했다.

정보기술(IT) 측면에서도 다양한 제재가 이어졌다. 미국은 당시 중국의 사이버 해킹과 미국 내 정보 탈취를 방지하기 위해 대대적으로 사이버 보안을 강화했다. 틱톡과 위챗을 비롯한 중국의 소셜미디어(SNS) 애플리케이션(앱)이 사용자의 개인정보를 수집해 중국 정부로 전송한다는 우려를 제기하며 사용을 제한했다.

이처럼 트럼프 1기 행정부의 대중 정책은 관세 부과에만 국한하지 않았다. 기술과 투자, 군사, 인권, 국제 동맹 등 여러 방면에서 중국의 부상을 견제하려는 종합적인 전략으로 이뤄졌다. 트럼프 2기 행정부의 대중 정책은 더 강화돼 미국의 경제적 이익을 보호하고 중국의 패권 도전을 약화하려 할 것이다.

무엇보다 중국산 제품에 대한 60%의 관세는 중국의 수출과 경제 성장에 큰 타격을 줄 것이다. 트럼

뉴욕 증권거래소 모습.[사진 게티이미지/AFP/연합뉴스]

프 2기 행정부의 조치가 중국 경제 성장률을 최대 2%포인트(p) 하락시킬 수 있다는 전망도 있다. 높은 관세로 인해 다국적 기업들은 생산 기지를 중국에서 베트남, 인도, 멕시코 등으로 이전하려 할 것이다. 이는 중국의 제조업 기반을 약화하고, 글로벌 공급망의 재편을 가속할 것이다.

트럼프 1기 행정부에서는 트럼프 자신이 워싱턴 정치에 익숙하지 않은 데다가 백악관 참모들과 부처 장관들의 반발 때문에 제대로 정책을 펴지 못했다. 그러나 이제 트럼프는 4년의 대통령 경험과 낙선 후 4년의 준비기간을 통해 더욱 분명한 자기 확신으로 구체적인 정책을 마련한 상태다.

그리고 이를 실천할 충성파만으로 트럼프 2기 행정부를 구성했다. 수지 와일스 백악관 비서실장 내정자는 2025년 1월 트럼프의 대통령 취임과 함께 행정명령에 무더기로 서명할 것으로 보인다. 이를 통해 국내외 정책의 대전환에 나설 것임을 예고하기도 했다.

트럼프 2기 행정부는 더 강력한 관세 정책과 더 강력한 감세 정책, 더 강력한 화석연료 중심의 에너지 정책, 더 강력한 불법 이민자 추방과 국경통제 정책을 집행할 것이다. 이를 대통령 임기인 4년 동안이 아니라, 취임 이후 2년 안에 끝내려 한다. 트럼프 2기 행정부는 국방 예산을 증액해 군사력을 강화하고, 핵무기도 현대화할 계획이다. 동시에 북대서양조약기구(NATO)를 비롯한 동맹국들에 방위비 분담금을 증액하라고 요구해 미국의 부담을 줄인다는 구상이다.

## '관세 폭탄'이 불러올 나비효과…美, 더 많은 것 잃을 수도

트럼프 2기 행정부로 인해 세계경제는 엄청난 영향을 받을 수밖에 없다. 트럼프는 바이든 행정부의 반도체법과 인플레이션 감축법(IRA)에 따른 보조금 정책을 무력화하고, 외국산 제품에 높은 관세를 부과하려 한다. 모든 수입품에 10~20%의 보편관세를, 특히 중국산 제품에는 60%의 관세를 매겨 무역적자를 줄이겠다는 생각이다.

이렇게 하면 외국 기업들은 관세를 뛰어넘어(tariff jumping) 미국 내에서 제품을 생산할 수밖에 없다. 트럼프 2기 행정부는 이를 통해 고용을 증대할 수 있다는 생각이다. 더욱이 관세수입으로 법인세 인하에 따른 세수 부족분을 보충할 수도 있다. 그야말로 일석삼조(一石三鳥)의 효과를 얻을 수 있는 정책이다.

하지만 이 정책은 득불실익(得不失益)의 결과를 가져올 공산이 크다. 관세 폭탄은 중국뿐 아니라 유럽 등 전통적 우방국의 무역 보복을 초래할 수밖에 없다. 결국 미국과 세계가 중상주의식 보호무역주의로 회귀하게 되고, 트럼프가 쏘아 올릴 관세전쟁은 모두가 지는 전쟁이 될 것이다.

미국발 관세전쟁은 이번이 처음이 아니다. 허버트 후버 전 미국 대통령의 대선 공약 중 하나는 농산물 수입에 대한 관세를 인상하는 것이었다. 후버 전 대통령은 결국 당선됐고 그가 속한 공화당은 상원과 하원에서 다수당이 됐다. 이후 리드 스무트 상원의원과 윌리스 홀리 하원의원이 주도한 스무트-홀리 관세법이 1929년 5월 통과됐다. 당시 1000명 이상의 경제학자가 후버 전 대통령에게 법안 거부권을 청원했지만, 1929년 10월 뉴욕 주식시장이 폭락하며 불황이 심해지자 후버 전 대통령은 1930년 6월 이 법에 서명했다.

이 법은 농산물뿐만 아니라 공산품까지 2만여 개 품목의 평균 관세를 40%에서 60%로 높이는 것이었다. 미국의 일방적인 관세 인상에 여러 국가는 미국 상품에 대해 보복관세를 부과했고, 세계 무역량은 3분의 1로 줄어들었다. 그 결과 미국의 실업률은 20%까지 높아졌고 산업 생산은 25% 이상 감소했다.

법은 미국의 일자리와 산업을 보호하기 위해 시행됐으나, 미국발 경제불황을 세계대공황으로 확산시켰다. 더욱이 1930년대 내내 경기 침체와 보호무역주의가 지속되면서 제2차 세계대전의 배경이 됐다. 2025년 트럼프가 쏘아 올릴 관세전쟁이 100년 전의 암울한 시기를 다시 불러오지 않기를 바랄 뿐이다. E

# 먹구름 낀 중국 경제
## 2025년 전망은

**이치훈**
국제금융센터 신흥경제부장

중국의 산업고도화가
미국의 견제로
오히려 가속화하는 가운데
중국 내부적으로 수요 위축으로 인한
과잉생산 및 밀어내기 수출도
심화하면서 중국뿐만 아니라
글로벌 시장에서 중국과의 경쟁이
한층 더 격화될 수 있다는 점도
인지해야 한다.

中 비구이위안 건설 현장. [사진 AP/연합뉴스]

**중국 인민은행은 2024년 9월 24일 통화정책 완화, 부동산시장·주가 진작 등 종합부양책을 발표했다.** 각각의 정책 정도는 강하지 않았지만 여러 정책을 한꺼번에 발표했다는 점에서 이례적인 것으로 평가된다.

내용을 살펴보면 다음과 같다. 우선 시중 유동성 확대를 위한 지급준비율 50bp 인하와 동시에 단기 정책금리인 7일물 역레포 금리도 1.7%에서 1.5%로 인하했다. 또한 부동산시장 부양을 위해 2주택 대출의 계약금 비중 하향(25%→15%)과 기존 모기지 금리 50bp 인하 등의 조치안도 발표했다. 자사주 매입 등을 위해 3000억 위안 규모의 재대출 자금을 제공하는 등 주가부양 조치도 실시했다.

이에 따라 상해종합지수는 부양책 발표 직후 2주 동안 무려 27%나 급등했다. 2주일 후인 2024년 10월 8일에는 국가발전개혁위원회가 2025년 정책예산 조기 집행과 지방정부채권 발행 가속화 등의 계획도 내놨다. 2025년 정책예산 중 2000억 위안(약 38조 원)을 2024년 말까지 조기 집행해 제조 및

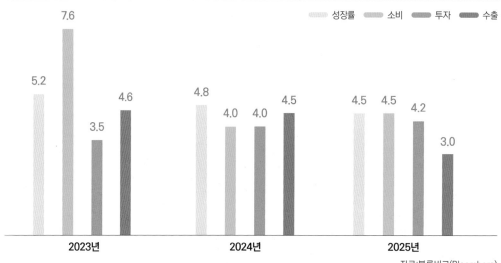

건설 등의 투자를 확대하고 이를 뒷받침하기 위해 2025년에도 초장기 특별국채를 발행하겠다고 강조했다.

그러나 시장에서는 정부의 이 같은 재정정책이 구체적이지 않고 규모도 작다고 평가절하했다. 이같은 평가 속 결국 상승했던 주가는 다시 하락세로 돌아섰다.

## 中 부동산시장, 안정화 'OK', 활성화는 '글쎄'

중국의 2024년 3분기 국내총생산(GDP) 성장률은 경기부양책의 효과가 반영되지 못하면서 2분기 연속 둔화해 4.6%를 기록했다. 대체로 수출은 양호한 반면 투자가 완만히 둔화한 가운데 소비 부진이 심화됐다. 중국 경제 성장의 핵심인 부동산시장의 경우 역대 최장기인 3년 3개월 간 위축기를 겪고 있다. 또 가격 하락폭도 높게 나타나면서 국제금융시장의 경계감이 고조되는 상황이다. 주요 투자은행(IB)들은 중국정부의 경기부양책과 내수 회복 기대감을 반영해 2025년 중국의 성장 전망치를 소폭(0.1%p) 상향한 4.5%로 예상하고 있다. 2024년 예상치 4.8%에 비해서는 0.3%p 추가로 둔화하는 셈이다.

2025년에도 정부의 확장적 재정정책이 지속되면서 경제 성장을 뒷받침할 것으로 보인다. 특히 차세대 산업에 대한 투자가 더욱 가속화할 것으로 보인다. 정부의 고품질 발전 전략(신품질 생산력 등)에 따라 첨단 투자가 10% 이상 늘면서 성장을 견인할 것으로 예상된다. 참고로 중국의 정보통신(IT) 등 첨단산업 투자 증가율도 일반 투자를 3배가량 상회하는 등 생산이 고도화되고 있다. 특히 중국은 기존 인공지능(AI), 5G 등 우위 산업뿐만 아니라 3개 신산업(전기차·태양광·배터리) 경쟁력을 높인 결과, 중국의 전체 수출에서 해당부문 비중이 2019년 1.4%에서 2024년 7%내외로 상승했다. 이 비중은 2025년 8%에 육박할 것으로 예상된다.

통화정책 측면에서는 미국의 금리 인하 기대에도 불구하고 여전히 미중 간 금리 격차가 해소되지 않으면서 추가적인 금리 인하 폭이 제한될 것으로 보인다. 따라서 2025년에도 정부의 경기부양책이 재정정책에 의존하고 통화정책은 보조적으로 운용될 가능성이 높다.

경제 항목별로 보면 2025년에는 투자와 소비가 2024년에 비해 다소 회복되나 수출이 대외 수요 둔화로 금년에 비해 둔화할 것으로 보인다. 분기별로는 2025년 1분기를 저점(4.1%)으로 경기부양책의 효과가 가시화되면서 하반기 4.6% 내외로 완만히 회복되는 상저하고가 예상된다. 소비자 물가(CPI)의 경우, 2024년 0.5%에서 2025년 1.4%로 상승할 것으로 예상되고 생산자물가(PPI)는 2024년 -1.5%에서 0.6%로 3년 만에 플러스로 전환될 것으로 전망된다. 이러면 디플레이션 우려는 다소 완화될 수 있다.

관심의 대상인 부동산시장의 경우, 지난 2년간 누적된 정부활성화 조치로 2025년 초부터는 어느 정도 안정될 것으로 예상된다. 다만 시장이 구조적 전환점에 직면해 활성화까지는 기대하기 어렵다. 중국 부동산시장은 인구 고령화 등 구조적 요인이 심화한 가운데 주택공실 급증 등으로 공급과잉 및 높은 가격에 대한 경계감이 큰 상황이다. 참고로 중국 주요 도시의 소득 대비 주택가격비율(PIR, price to income ratio)은 지난 수년간 전 세계 최상위를 유지하고 있다.

일각에서는 중국이 1990년대 일본처럼 부동산시장이 초장기 위축될 가능성도 제기된다. 실제로 중국의 주택가격 하락세가 과거 일본과 유사한 모습을 보이고 있어서다. 특히 중국의 경우 정부 재정수입에서 토지사용권 매각 수입이 20~25%를 차지하고 있어 부동산시장 위축이 정부 주도의 성장을 제약할 가능성이 높다.

주목해야 할 점은 중국 GDP 중 부동산 관련 업종의 비중이 약 25%에 달해 부동산시장 부진이 투자, 소비 등에 전방위적 악영향을 미치면서 성장률을 최대 1%p가량 낮출 소지가 있다는 것이다.

다른 한편으로는 중국 정부가 경기하방 압력에 적극 대응하면서 겪는 불균형 지속, 구조개혁 지연 등의 정책적 딜레마도 중국경제의 성장을 제한하는 근본적인 요인으로 작용할 우려가 있다.

2025년에도 경제성장과 개혁 간 정책 충돌이 심화하는 가운데 특히 정책 역량이 부동산시장 활성화에 소모되면서 사회불평등 축소를 위한 구조개혁에 어려움이 가중될 우려가 있다. 그 밖에 정책 딜레마는 ▲국유기업 개혁↔고용불안 ▲사회보장제도 강화↔재정악화 ▲탄소규제↔성장둔화 ▲자본시장 개방↔외환시장 불안 등을 들 수 있다.

## 트럼프 재집권, 中에는 악재

대외 부분의 가장 큰 리스크는 트럼프의 당선과 미국의 견제다. 최근 부각된 미국의 자국 우선주의에는 자국 내 빈부 격차 확대 및 경제 여력 축소 등 구조적 문제점이 반영돼 있다. 이에 이런 기조는 향후에도 지속될 가능성이 높다.

서울 중구 명동 거리에서 중국인 관광객들이 오가고 있다. [사진 연합뉴스]

트럼프 2기 행정부도 중국의 첨단 기술에 대한 견제를 지속하는 가운데 특히 관세 부과로 인한 부정적 영향이 매우 클 것으로 보인다. 실제로 주요 IB들은 대(對)중국 관세 60%가 부과될 경우 성장률이 0.7%~2% 감소할 것으로 예상하고 있다.

설사 대(對)중국 관세가 60%보다 낮게 부과돼도 미국의 관세 부과로 인한 풍선 효과가 유럽과 신흥국으로 전이되면서 보호무역주의를 자극할 가능성이 매우 높다.

실제로 2024년 들어 태국, 멕시코 등 10여 개 주요 신흥국들이 중국산 수입품에 대해 관세 인상, 반덤핑 조사 착수 등 무역장벽을 강화하는 모습을 보이고 있다. 이는 세계 최대 수출국인 중국의 입장에서는 상당한 부담으로 작용할 것으로 평가된다.

또한 첨단 기술을 미·중 간 패권 경쟁의 핵심으로 인식하고, 반도체를 중심으로 하는 차세대 기술 대립도 한층 더 강화될 전망이며 이 과정에서 기술 분절 심화 등으로 중국뿐만 아니라 글로벌 경제에도 상당한 부담이 될 전망이다.

종합해 보면 중국경제가 단기 내에 위기를 겪을 가능성은 낮다. 다만 중국경제 성장률은 IB들의 예상치(2024년 8%, 2025년 4.5%)를 하회할 가능성을 배제하기 어렵다.

우리나라의 경우 중국경제의 불안이 우리 경제에도 영향을 끼칠 수 있어 대응 방안이 필요하다. 다른 한편으로는 중국의 산업고도화가 미국의 견제로 오히려 가속화하는 가운데 중국 내부적으로 수요 위축으로 인한 과잉생산 및 밀어내기 수출도 심화하면서 중국뿐만 아니라 글로벌 시장에서 중국과의 경쟁이 한층 더 격화될 수 있다는 점도 인지해야 한다. **E**

**'이시바노믹스', 일본 경제 불씨 되살릴까**

# 경기 부양·민생 경제 활성화
## 두 마리, 토끼 잡을까

**이지평**
한국외국어대 융합일본지역학부 특임교수

일본 기업은
대기업뿐만 아니라
중소기업들도 인공지능(AI) 등
디지털 기술을 활용한
업무 개선책을 강화하고 있으며,
디지털 기술과 로봇 기술의 결합에도
주력할 것으로 보여
관련 설비투자가
확대될 것으로 전망된다.

일본경제는 올 상반기 이후 플러스 성장세를 회복하고 있으며, 일본 정치권의 불확실성에도 불구하고 완만한 성장 기조가 2025년에도 이어질 것으로 전망되고 있다.

특히 2024년 10월 27일에 있었던 중의원 선거 결과, 여당인 자민당 및 공명당이 총 215석을 확보하는 데 그치면서 과반수인 233석 확보에 실패했다. 또 제1 야당인 입헌민주당은 약진했으나 과반수에 크게 부족한 148석에 그쳤다. 이에 따라 일본 정부는 당분간 여러 정당 간의 불안정한 협조와 대립 속에서 정책이 결정되는 취약한 정권 기반을 면치 못할 것으로 보인다.

## 감세·보조금 지원…가계 소비에 긍정적 전망

야당 세력의 공세로 일본 정부의 정책은 단기적인 경기 부양에 초점을 맞추고 민생 경제 활성화에 주력할 것으로 보인다. 야당이 요구하는 가계 소득에 대한 지원책, 소비세 경감 조치, 소득양극화 억제 대책

이시바 시게루 일본 총리.[사진 AFP/연합뉴스]

등이 보다 강화될 가능성이 높다.

2025년 여름에는 참의원 선거도 예상돼 2024년 10월 중의원 선거에서 나타난 일본 국민들의 물가 상승 및 생활고에 대한 불만에 정치권이 대처하려는 모습을 보일 것으로 예상된다.

이러한 정치적 불안정성과 함께 이뤄질 것으로 보이는 재정 확대 정책은 일본경제의 건전성에 부담이 될 수 있다. 다만 단기적으로 일본 가계 소비에는 긍정적인 영향을 끼칠 수도 있다.

일본경제가 디플레이션에서 벗어나면서 각종 생필품도 물가상승세로 전환했다. 이와 함께 일본의 명목임금도 상승 기조를 보였으나 물가상승률을 따라가지 못해 실질임금이 감소 기조를 보여 왔다.

이러한 상황에서 각종 감세 및 보조금 지원책이 강화되는 것은 실질임금의 감소 효과를 완화해 일본 가계 소비에는 긍정적으로 작용할 수도 있을 것으로 보인다.

또한 이시바 총리는 시간당 임금을 1500엔으로 인상하는 정책을 지향하겠다는 방침을 밝힌 바 있다. 야당도 대체적으로 이러한 정책 방향에 찬성하는 입장이다.

2025년 춘계노사협상(춘투) 임금인상률도 호조를 보일 것으로 예상된다. 다만, 중소기업 등의 경우 임금 인상에 부담을 느끼고 있는 측면도 있으며, 단계적 임금 인상과 함께 생산성 향상, 기업 수익 확대가 과제가 되며, 중장기적인 차원에서의 성장전략이 중요할 것이다.

정치적 불안정성으로 인해 일본 정부의 중장기 성장 전략 추진에는 한계도 있을 것으로 보이나 이시바 총리가 주력하는 지방 경제활성화 대책, 디지털 혁신, 그린 이노베이션 등에 관해서는 초당파적인 공감대가 있는 것도 사실이다.

일본 기업도 철강, 화학, 자동차, 전기전자 등 기존 주력 산업의 디지털화와 탈탄소화를 중장기적인 과제로 인식하고 있다. 기조적 엔저에 힘입어서 일본 기업의 설비투자도 2024년에 이어 연간 2% 전후의 견실한 확대 기조를 보일 전망이다.

일본 정부는 각 지방의 태양광, 풍력, 지열 등의 재생에너지 잠재력을 활용한 지역경제 활성화 대책을 강화하려는 방향이다. 이와 함께 철강 산업 등에서 수소 활용 탈탄소 철강재 등의 소비 확충, 그린 철강 시장의 조기 형성을 위한 지원과 수요 촉진책도 모색 중이다.

한편, 2025년에는 전후 베이비 붐 세대가 모두 75세 이상이 되면서 75세 이상의 후기 고령자가 전체 인구의 5분의 1이 되는 소위 '2025년 문제'에 직면하게 된다. 이미 극심한 노동력 부족에 고전하고 있는 일본은 70세까지의 현역 사회화에 주력하고 있으나 75세 이상 인력의 경우 체력 등의 측면에서 한계가 있는 것이 사실이다.

## 2025 일본 주요 경제기관들의 경제 전망치

(단위:%, 엔)

| | 2023 | 2024 | | | 2025 | | |
|---|---|---|---|---|---|---|---|
| | 실적 | 일본경제<br>연구센터 | Mizuho | 다이와 | 일본경제<br>연구센터 | Mizuho | 다이와 |
| 실질GDP성장률 | 0.8 | 0.7 | 0.4 | 0.8 | 0.9 | 1 | 1.3 |
| 명목GDP성장률 | 4.9 | 3.1 | 3.1 | 3.3 | 2.8 | 2.7 | 2.8 |
| 개인소비 | −0.6 | 1.1 | 0.6 | 1.1 | 1.1 | 0.9 | 1.3 |
| 설비투자 | 0.3 | 2.6 | 1.9 | 2.1 | 1.7 | 1.8 | 2 |
| 순수출 성장기여도(%p) | 1.4 | −0.4 | −0.4 | −0.2 | −0.2 | 0 | 0.2 |
| 소비자물가(신선식품 제외) | 2.8 | 2.7 | 2.5 | 2.5 | 2 | 1.8 | 2.1 |
| 경상수지(조 엔) | 25.1 | 24.6 | 27.3 | 27.6 | 22.5 | 29.1 | 27.8 |
| 엔/달러 환율 | 144.6 | 148.5 | 140~162 | 148 | 141.3 | 130~160 | 143.5 |

자료:일본경제연구센터 2024년 8월 29일 발표 자료, Mizuho(Mizuho Research & Technologies) 2024년 10월 24일 발표 자료
다이와(다이와 총합연구소) 2024년 10월 23일자 자료.

또한 노동력 부족 문제, 요양 보호 수요 확대 등도 부담이 될 전망이다. 이에 따라 일본 기업은 대기업뿐만아니라 중소기업들도 인공지능(AI) 등 디지털 기술을 활용한 업무 개선책을 강화하고 있으며, 디지털 기술과 로봇 기술의 결합에도 주력할 것으로 보여 관련 설비투자가 확대될 것으로 전망된다.

## 설비투자 꾸준히 확대…금리 인상은 신중 검토

디지털 투자와 관련해 반도체 산업에서의 투자가 2025년에도 확대될 전망이다. 일본 정부는 반도체 산업 육성을 위해 대규모 정책 자금을 투입해 왔다. 특히 대만의 반도체 파운드리 기업인 TSMC를 유치한 규슈 구마모토의 경우 경제 붐이 발생하고 있으며 2024년 중의원 선거에서도 자민당이 4개 선거구에서 전승하기도 했다.

제1 야당인 민주당도 일본정부의 반도체 투자 지원책을 추진하겠다는 입장을 보이고 있다. 이와 함께 2025년에는 디지털 및 통신 기술을 활용한 자율주행 자동차 실험이 늘어나고 안전성 제고 투자도 확대될 것으로 보인다.

로보택시의 조기 실현을 위한 각종 실험과 함께 도요타자동차는 2024년 10월 31일에 NTT와 제휴해 2030년까지 5000억 엔을 투자해 교통사고를 크게 줄이는 AI 및 통신 기반을 확충하겠다고 발표한 바 있다.

일본 도쿄 시내에서 양산을 쓴 행인이 증시 현황판 앞을 지나가고 있다. [사진 연합뉴스]

2025년 일본은 실질임금의 상승 기조와 일본정부의 가계 지원 정책에 힘입어 소비지출이 회복세를 보일 것으로 전망된다. 이와 함께 일본 기업의 디지털, 그린 분야를 중심으로 한 설비투자의 꾸준한 확대에 힘입어 2025년 실질 국내총생산(GDP) 성장률이 1% 내외 수준에 달할 것으로 전망된다.

일본의 주요 연구기관 전문가 37명의 GDP 성장률 전망치를 보면 2024 회계 연도는 0.55%, 2025 회계연도는 1.05%로 예상되고 있다. 그리고 소비자물가상승률(신선식품 제외)은 2024년도 2.45%에서 2025년도에는 1.87%로 소폭 둔화할 것으로 전망됐다.

세계경제의 보호주의 강화, 미중 무역전쟁이라는 불확실성은 있으나 대체적으로 2025년 일본경제는 순조로운 행보를 보일 것으로 예상된다. 또 일본은행이 목표로 하는 2% 물가에 거의 가까운 상태가 지속됨으로써 금융정책의 정상화, 금리 인상 정책을 신중하게 추진할 것으로 보인다.

또한 2024년 8월의 미국 주식시장 급락과 그 여파로 일본증시도 급락하는 등 금융시장이 혼란한 상태여서 일본은행 입장에서는 현재 0.25%의 정책 금리 재인상을 자제할 것으로 보인다.

　다만 일본경제의 회복세 지속, 물가 상승세 지속이 확실해지면 2025년 초에 금리를 재인상할 수 있다. 이후 2025년 중 또 한 차례 인상할 수 있고 정책금리도 0.75%로 올릴 가능성도 존재한다.

　일본은행으로서는 신중한 금리 인상 자세가 외환시장에서의 엔저 압력을 고조하지 않도록 견제할 것으로 보이며, 미국 경기지표의 변동에 따라 일시적으로 엔화가 약세를 보이더라도 일본의 금리 인상, 미국의 금리 인하 흐름 속에서 완만한 엔화의 강세 기조가 유지될 것으로 보인다. E

# CHAPTER 2

# 글로벌 경제 움직일 변수들

미·중 갈등 계속될까, 잦아들까

러·우크라 및 중동 전쟁, 글로벌 경제에 미칠 파장은

'탄소 제로' 정책의 영향은

AI·로봇 진화가 미칠 영향은

**미·중 갈등 계속될까, 잦아들까**

# 트럼프 2.0 시대
## 미·중 갈등 향방은?

**정구연**
강원대 정치외교학과 부교수

미국의 경제 회복을 위한
일방주의적 대외정책 수행 및
우선순위 재조정을 통한
동맹국에 대한 안보분담 확대,
그리고 경제 영역에 있어서
중국뿐만 아니라 동맹국과도
경쟁하는 것을 주저하지 않는 행태가
트럼프 2기 행정부에서
여과 없이 드러날 것으로 전망된다.

제47대 미국 대통령 도널드 트럼프. [사진 연합뉴스]

**도널드 트럼프 전 대통령이 제47대 대통령에 재선됨에 따라 전 세계는 트럼프 2기 행정부가 가져올 국가전략과 대외정책, 그리고 궁극적으로 국제질서의 변화를 우려하고 있다.** 트럼프 2기 행정부의 대외정책을 전망하기 위해서는 트럼프 개인의 리더십 스타일과 미국 공화당 내의 대외정책 기류 변화를 알아볼 필요가 있다. 트럼프 2기 행정부가 보여줄 대외정책적 불확실성은 결국 미국이 강대국 경쟁 속에 추구해야 할 목표인 우위(primacy)와 트럼프 개인이 선호하는 자제(restraint)의 대외정책 간의 긴장관계로 인해 생겨날 가능성이 높다.

## 미국 공화당과 트럼프의 리더십

미국 공화당은 전통적으로 보수적 국제주의(conservative internationalism)라는 기조 속의 대외정책을 추진해 왔다. 이는 1952년 미국 대통령 선거 경선에서 드와이트 아이젠하워 후보가 승리한 이후 면면히 이어져 온 대외정책 전통이다. 보수적 국제주의 대외정책이란 국제사회 속 미국의 우위를 유지하기 위해 군사적·경제적 확대를 추구하는 한편 전 세계 민주주의를 확장하고, 이익을 공유하는 동맹과의 협력을 지속하며, 미군의 해외 전진배치 유지, 자유무역체제 확립을 통한 영향력 유지 등의 요소를 포함한다. 이런 요소를 기반으로 국제주의 질서를 형성해 왔고, 국제주의 질서가 투사되는 경계가 미국 국가안보의 경계라는 인식이 형성됐다.

　반면 트럼프 대통령과 최근 행정부 각 부처에 지명된 인물들의 경우 이와는 다른 세계관과 국가전략을 선호한다. 이들은 미국의 제한적 국력을 고려할 때, 대외적 개입을 줄이고, 국제사회에 대한 관여 우선순위를 조정해야 한다고 주장한다. 국제주의 질서 유지보다 미국의 주권과 영토 및 국경보호 그리고 국토안보에 좀 더 우선순위를 둔다. 이들에 대한 위협에 대응하는 것이 국제주의 질서를 지켜내기 위한 미국의 대외적 확장 및 관여보다 더욱 중요하다고 강조한다. 민주주의 확산이라는 가치외교에 대해서는 회의적이다.

　특히 트럼프 대통령의 경우 국제주의 질서에 대해 비판적이다. 이는 지금의 중국이 국제주의 질서

중국을 방문한 블라디미르 푸틴(왼쪽) 러시아 대통령과 시진핑 중국 국가주석이 2024년 5월 16일 베이징에서 열린 중러 수교 75주년 기념 공연을 관람하며 박수치고 있다. [사진 베이징 로이터=연합뉴스]

속에서 강대국으로 부상한 반면, 중국의 부상으로 인해 미국의 제조업이 약화했다는 분석에 근거한다. 이에 따라 등장한 '미국 우선주의'(America First) 혹은 '미국을 다시 위대하게'(Make America Great Again)라는 구호는 경제적 내셔널리즘의 특징을 보인다.

또한 포퓰리즘 차원에서 2024년 대선 낭시 경합주였던 미시간·펜실베이니아·조지아·위스콘신 등의 블루컬러 저소득 계층을 겨냥한 정책들이 구체화됐다. 우선적으로 미국의 제조업 기반 확충을 목표로 하며, 미국의 국경보호, 그리고 중동에서의 전쟁 종식을 선거 동안 지속적으로 강조했다. 제조업 기반 확충 정책은 미국으로의 온쇼어링, 해외 에너지 의존도 축소, 해외 투자 기업 보조금 철폐, 인공지능 등 신흥기술 관련 탈규제를 통한 미국의 경쟁력 확보 등의 정책으로 나타나고 있다.

미국과의 무역전쟁은 곧 재개될 예정이다. 이미 선거 동안 보편적 관세 부과 의중을 밝힌 바 있다. 또한 중남미 불법 이민자들의 유입을 막음으로써 미국 노동자에게 일자리를 제공하고, 중동에 대한 개입 축소를 통해 대외개입에 소요되는 예산을 국내로 돌려야한다고 주장한다. 과거 트럼프 행정부 1기 당시 추진됐던 아브라함 협약(Abraham Accord)에서와 같이 이스라엘을 중심으로 한 세력균형 재편을 통해 미국의 역할을 줄여 나가고자 하는 노력이 2기 행정부에서도 이어질 것이다.

요컨대 이런 국내 경제 회복에 집중하는 국가전략 기조는 결과적으로 대외적 환경의 안정을 전제로 한다. 트럼프 대통령은 탈냉전 이후 당선된 미국 대통령 가운데 그 누구보다도 자제의 입장에 서 있는 대통령임에는 분명하다. 물론 지난 1기 트럼프 행정부 당시 대외정책은 기존의 보수적 국제주의와 유사한 부분도 분명 존재했는데, 이는 당시 백악관과 국방장관, 국무장관 등에 임명됐던 인물들의 선호에 근거해 트럼프의 성향을 제어한 결과라고 볼 수 있다.

그러나 이제 2기 행정부는 트럼프에게 충성할 수 있는 인물들을 선별해 주요 행정부처 수장으로 임명될 것인 바, 트럼프의 자제적 성향은 여과 없이 대외정책으로 투사될 것으로 예측된다.

## 중국과의 경제 갈등 어느 때보다 높아질 것

물론 이런 자제적 경향이 강대국 경쟁을 포기한다는 의미는 아니다. 다만 군사적 충돌로 이어질 수 있는 위기고조를 자제하고, 향후 중국, 러시아, 북한 등이 도발할 수 없도록 강력한 억제력을 구축하고자 한다. 1기 행정부 당시에도 미국의 국방비는 오바마 행정부 당시보다 증액됐고 핵무기 현대화를 추진했던 점을 고려해 본다면, 국방비 증액의 문제는 방향성과 예산 배분의 문제일뿐 2기 행정부에서도 유사하게 나타날 것으로 보인다.

다만 강대국과의 위기고조 자제라는 정책 기조는 최근 러시아·우크라이나 전쟁에 대한 미국의 휴전협정 제안으로부터 확인할 수 있는데, 이는 지경학적 측면에서 국제사회에서의 분쟁이 무역과 투자, 국내 경기 활성화에 부정적인 영향을 준다는 판단에 근거한다. 다만 트럼프 당선자가 제안한 휴전협정이란 현재의 전선을 기준으로 러시아와 우크라이나 양국 사이에 비무장지대를 조성하고, 우크라이나의 북대서양조약기구 가입을 20년 유예하는 방안 등을 포함한다고 알려져 있다.

트럼프 대통령은 또한 '핵무기를 가진 북한과도 잘 지내는 것이 좋다'고 발언한 바 있다. 이스라엘의 네타냐후 총리도 이런 트럼프를 겨냥해 레바논과 휴전협정을 준비하겠다고 밝혔다. 이런 움직임은 불확실한 트럼프 대통령의 리더십에 대응하기 위한 선제적 조치라고 볼 수도 있으나, 미국에 의해 현존하는 갈등의 위기고조가 통제되며 좀 더 안정적인 전략환경 조성이 이뤄질 것임을 예측하게 한다. 다만 이런 과정에서 우크라이나와 같은 약소국은 러시아의 불법 침략을 받은 국가임에도 불구하고 비합리적인 휴전안을 받아들여야 함을 의미하는데, 이런 상황이 다른 사례에도 적용될 수 있다는 문제점이 있다.

이런 점은 한반도에도 함의를 줄 수 있다. 즉 무인기, 오물 풍선, 다양한 사거리의 미사일 발사 도발, GPS교란 등 다양한 도발을 시도하고 있는 북한과의 대화를 통해 북한의 핵 보유를 인정하고 군축회담으로 이어질 가능성에 대해서는 이미 국내에서 많이 논의된 바 있다. 이런 일방주의적 위기 통제의 경우 한국에는 분명 부당하고 동시에 안보위협을 제거하지 않는 방향의 위기 통제임을 미국에 주지시킬 필요가 있을 것이다.

이런 자제적 성격의 미국 대외정책이 중국과의 경쟁을 배제하는 것은 아니다. 경제 영역에서의 경쟁은 분명 그 어느 때보다 높은 수위로 이어질 공산이 크다. 다만 이 과정에서 대만 해협 문제의 경우 간과될 수 있는 가능성도 있다는 점 역시 염두에 두고 트럼프의 대중 정책을 예측해 볼 필요가 있을 것이다. 마르코 루비오 국무장관 후보, 마이클 왈츠 국가안보좌관 후보 등 주요 직책에 지명된 인물들 모두 대중 강경론자이며 중국의 권위주의적 정치체제와 현상변경적 행태에 대해 극히 비판적인 인물들이라는 점도 고려해야할 것이다.

다만 앞서 언급한 위기 통제 과정에서 중국에 인접한 미국 동맹국들에 기여를 요구할 가능성도 매우 높다. 이것이 바로 미국 우선주의 정책의 기조이다. 미국의 경제 회복을 위한 일방주의적 대외정책 수행 및 우선순위 재조정을 통한 동맹국에 대한 안보분담 확대, 그리고 경제 영역에 있어서 중국뿐만 아니라 동맹국과도 경쟁하는 것을 주저하지 않는 행태가 트럼프 2기 행정부에서 여과 없이 드러날 것으로 전망된다. E

# 러·우크라 및 중동 전쟁,
# 결국 '트럼프 2기 정부' 주목해야

**엄태윤**
한양대 국제학대학원 글로벌전략·정보학과 대우교수

두 지역의 전쟁이
종료되더라도
글로벌 경제는 여전히
트럼프 2기 정부의
보호무역주의 정책 리스크에
영향을 받게 될 것이다.
결국 글로벌 경제 성장에
악영향을 미치고 글로벌 공급망에도
혼란을 초래하게 된다.

우크라이나 수도 키이우 시내에서 한 아이가 노획된 러시아 탱크를 살피고 있다. [사진 연합뉴스]

**러시아·우크라이나와 중동 지역의 두 전쟁이 군사적 긴장감을 고조하고 있다.** 이는 글로벌 경제에 많은 영향을 미친다. 2023년 10월에 시작한 이스라엘과 하마스 간 전쟁은 벌써 1년이 지났다. 국제 사회는 가자지역에 대한 이스라엘 네타냐후 총리의 강경한 군사 조치를 불안한 눈으로 바라보고 있다. 2022년 2월 러시아군의 우크라이나 침공으로 발발한 러시아·우크라이나 전쟁은 곧 3년이 된다. 세계 한 지역에서 전쟁이 일어나도 글로벌 경제에 영향을 미치는데 두 곳에서 전쟁이 진행 중이다. 군사적·경제적인 파장이 크다. 제이미 다이먼 JP모건체이스 회장은 "우크라이나와 중동에서 벌어지는 전쟁이 제2차 대전 이후 세계경제에 가장 위험한 요소가 될 수도 있다"고 경고했다.

## 트럼프 승리와 향후 중동 전쟁
2024년 11월 5일 치러진 미 대선에서 도널드 트럼프가 승리했다. 향후 국제 정세는 어떻게 변화할까.

## 두 개의 전쟁과 글로벌 경제 파장

출처:엄태윤 한양대학교 국제학대학원 글로벌전략정보학과 대우교수

이스라엘은 미 대선을 목전에 두고 이란의 지원을 받는 하마스·헤즈볼라 지도부를 제거했으나 여전히 가자지역에 공세적인 자세를 취하고 있다. 2024년 10월 1일 이란은 보복 차원에서 이스라엘 본토를 겨냥해 미사일 200여 발을 발사했다. 이스라엘은 이란에 대한 공격 표적으로 군사시설, 석유생산시설, 핵시설 등 옵션을 갖고 있었고 10월 26일 이란의 군사시설 약 20곳을 정밀 타격했다. 만일 이스라엘이 이란의 석유생산시설이나 핵시설을 공격했더라면, 양국 간의 전면전으로 확산해 5차 중동전쟁과 3차 오일쇼크로 번질 수 있었다.

앞으로 중동 사태가 악화할 경우 이란이 사용할 수 있는 보복 카드는 친이스라엘계 중동 산유국의 석유생산시설을 공격하거나 세계 원유 생산량의 20%와 액화천연가스(LNG) 30%가 통과하는 호르무즈 해협을 봉쇄하는 것이다. 이 경우 미국, 서방국가는 물론 사우디아라비아 등 주요 원유수출국들도 타격을 받게 된다. 그러면 미 정부는 자국 이익을 위해 이란·이스라엘 전쟁에 군사적으로 개입하게 된다. 이것은 중동 지역 최악의 시나리오이다. 국제 사회는 중동전쟁 확전으로 과거 1·2차 오일쇼크와 같이 치솟는 유가와 물가 상승을 경험하게 될 것이다. 글로벌 경제도 스태그플레이션 늪에 빠질 수 있다. 국제유가는 배럴당 150달러를 훨씬 뛰어넘게 될 것이다. 대러시아 경제 제재에 동참하고 있는 유럽 국가들이 러시아 가스 대신 중동 지역 에너지에 의존하고 있는 만큼 중동전쟁이 확전으로 치달릴 경우 유가 급등으로 유럽 경제 침체가 가속될 것으로 본다.

이스라엘이 아직 이란의 석유·핵시설을 공격하지 않아 5차 중동전쟁이라는 최악의 상황은 발생하지 않았다. 그러나 네타냐후가 이란의 위협이 없는 '새로운 중동 건설'을 꿈꾸고 있는 만큼 이란과의 전면전 불씨는 여전히 살아있다. 친이스라엘 성향을 지닌 트럼프가 재집권에 성공하면서 중동지역에서 네타냐후 정권의 강경 노선 색깔이 더욱 짙어지게 될 것이다. 트럼프 1기 정부는 오바마 정권에서 이란과 체결한 핵협정(JCPOA)을 파기했다. 주이스라엘 미 대사관을 텔아비브에서 예루살렘으로 이전했던 전력도 있다. 향후 트럼프 2기 정부가 이스라엘을 전폭적으로 지지할 것으로 보인다. 네타냐후 총리가 미국을 등에 업고 이란 핵시설이나 석유생산시설을 전격적으로 공격할 가능성도 완전히 배제할 수는 없다. 이는 3차 오일쇼크를 초래하고 세계경제에 유가 폭등, 물가 상승이라는 직격탄을 줄 것이다.

그러나 트럼프는 미국 우선주의를 표방하고 있다. '힘에 의한 평화'를 강조하고 있고, 네타냐후에게 "내가 당선되면 대통령 취임 전까지 가자지구 전쟁을 끝내 달라"라고 말한 것으로 알려지기도 했다. 향후 중동전쟁에서 이스라엘 쪽에 유리한 방향으로 휴전 가닥이 잡힐 것이다. 만일 이스라엘과 하마스·헤즈볼라 간에 평화 분위기가 조성되더라도 갈등이 재발할 소지는 농후하다.

## 아직 벗어나지 못한 러·우 전쟁의 충격

2022년 러시아·우크라이나 전쟁이 발생하자 국제 곡물·에너지 시장이 들썩거리는 등 세계경제에 충격을 줬다. 러시아는 서방국들의 대러시아 경제제재에 맞대응하기 위해 유럽에 가스 수출을 중단했다. 유럽 국가들은 러시아 가스에 대한 의존도가 높아서 에너지 공급난이 발생했고 추운 겨울을 보내야만 했다. 에너지 수입원을 러시아에서 중동 지역으로 바꾸는 작업도 했다. 코로나19 사태 이후 발생한 러시아·우크라이나 전쟁은 세계 물가를 상승시키는 데 일조했다. 서방국들의 강력한 대러시아 경제제재 조치에도 불구하고 러시아 경제는 아직 버티고 있다. 국제통화기금(IMF)은 2024년 러시아의 경제성장률 수치를 3.6%로 상향 조정했으나 2025년에는 심각한 노동력 부족과 인플레이션으로 경제성장률이 1.3%로 낮아질 것으로 전망했다. 우크라이나 전쟁이 지속될수록 러시아 국내 경제 상황은 점점 어려워질 것이다.

수세에 몰렸던 우크라이나가 2024년 8월 러시아 본토 남서부 지역인 쿠르스크를 공격해 러시아 푸틴 대통령을 곤경에 빠트렸다. 미국과 나토의 군수물자 지원을 받는 우크라이나에 비해 러시아는 병력과 군수물자 부족에 시달리고 있다. 그 돌파구로 푸틴은 북·러 조약을 명분으로 북한을 러시아 전쟁에 참전토록 했다. 2024년 11월 4일 젤렌스키 우크라이나 대통령은 "북한군 1만 1000명이 격전지 쿠르스크에 주둔하고 있다"고 주장했다. 국제 사회는 북한의 러시아 파병으로 러·북과 우크라이나·서방국 간 군사적 대결 구도로 확전될 것을 우려한다. 푸틴은 서방국에 "핵 사용을 배제하지 않겠다"고 경고한 바 있다. 자칫 이 전쟁이 제3차 세계대전으로 번질 소지도 무시할 수 없다. 또다시 세계대전이 발생한다면 세계경제는 걷잡을 수 없이 추락할 것이다.

트럼프는 대선 후보 시절부터 푸틴과의 친분을 과시해 왔다. 그는 당선될 경우 "우크라이나 전쟁을 끝내겠다"고 발언하기도 했다. 트럼프 2기 정부는 미국 우선주의와 거래주의를 고수할 것이다. 바이든 정부와 달리 우크라이나 전쟁에 개입하지 않고 러시아 쪽에 유리한 방향으로 종전 협상을 추진할 것이다. 우크라이나 정부는 세계패권 국가인 미국의 지원 없이 전쟁을 수행하기가 어렵다. 러시아 푸틴도 트럼프와 대화할 의지를 표명하고 있으므로 향후 러시아·우크라이나 전쟁이 끝날 가능성이 크다. 전쟁이 종료된다면 에너지난, 곡물 가격 인상은 진정 국면에 접어들 것이다.

민주주의 가치와 다자주의를 표방한 바이든 정부는 정권 말기에 중동과 우크라이나 지역에서 전쟁이 발생해 어려움을 겪었다. 트럼프는 1기 정부에서 미국 우선주의, 고립주의, 일방주의 외교정책을 지향했다. 트럼프 2기 정부에서도 그 성향이 강해져 다른 나라 전쟁에 관여하기를 꺼릴 것이다. 출범한 이후 두 개의 전쟁을 종식하는 데 노력을 기울일 것이다. 전쟁이 끝날 경우 지정학적 리스크는 해소돼 글로벌 경제에 긍정적으로 작용하게 된다.

물론 두 지역의 전쟁이 종료되더라도 글로벌 경제는 여전히 트럼프 2기 정부의 보호무역주의 정책 리스크에 영향을 받게 될 것이다. 트럼프 정부가 출범한 후 보편관세 10~20% 부과와 중국산 제품에 60~100%의 폭탄 관세정책을 추진할 경우 세계 각국은 경쟁적으로 보호무역 장벽을 높이게 된다. 결국 글로벌 경제 성장에 악영향을 미치고 글로벌 공급망에도 혼란을 초래하게 된다.

미국경제는 고관세 부과 여파가 국내 물가 상승을 유발해 인플레이션이 심해질 것이다. 2024년 10월 IMF는 2025년 글로벌 경제성장률을 3.2%로 전망했다. 미국과 유로존의 2025년 경제성장률을 각각 2.2%, 1.2%로 내다봤다. 다만 IMF는 "트럼프의 고관세 정책으로 인해 글로벌 경제성장률이 2025년 0.8%, 2026년 1.3% 각각 감소할 것이다"고 예측했다. 2024년 11월 골드만삭스도 트럼프 2기 정부의 고관세 정책이 유럽경제에 나쁜 영향을 줄 것이라면서 유로존 2025년 국내총생산(GDP) 성장률 예상 수치를 1.1%에서 0.8%로 하향 조정 했다. 2025년 글로벌 경제는 저성장 기조를 지속할 것이다. 🅴

# 재생에너지 확대
## 그리고 글로벌 산업재편

**곽지혜**
한국에너지기술연구원 태양광연구단장
대통령직속 2050탄소중립녹색성장위원회 민간위원

태양광을
국가전략사업으로
육성할 수 있어야
다른 탄소중립 산업에도
희망이 있다.
기후변화 대응, 에너지 안보 강화,
신산업 창출을 통한
에너지 시스템 구현이 가능하도록
기술혁신을 통한 산업생태계 조성에
총력을 기울여야 한다.

**역사상 지구 온도가 가장 높았다는 2023년은 모든 기후지표를 경신한 해이다.** 탄소배출량도 최대치를 기록한 반면, 그 증가세는 둔화했다고 한다. 국제에너지기구(IEA)는 그 이유로 '청정에너지 보급'을 꼽는다. 재생에너지의 확대가 선진국들의 기록적 감소세에 큰 역할을 한 것이다. 선진국 탄소배출은 50년 만에 최저치 수준으로 떨어졌는데, 유럽연합(EU) 및 미국 등은 경제성장에도 배출량이 줄었다. 재생에너지는 2024년 전 세계 전력의 30%가량을 공급했으며, 신규 설치 용량은 560기가와트(GW) 이상으로 그중 75% 이상이 태양광이다.

태양광·풍력 발전은 이미 화석연료보다 저렴하다. 배터리 가격도 지속적으로 떨어져 IEA는 태양광·풍력을 2050년 주 전력원으로 꼽는다. 글로벌 에너지싱크탱크 엠버(Ember)에 따르면 태양광·풍력은 2023년 세계 전력의 13%를 감당했으며, 그 발전량은 전년 대비 각 23% 및 10% 증가했다. 이 중 절반 이상이 중국에 의한 것이다. 2011년 이후 유럽의 10배 이상을 태양광 산업에 투자해 시장에서 독점적

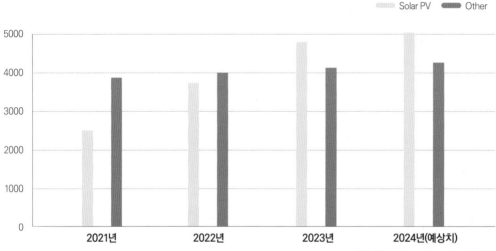

**태양광 발전 및 타 에너지 발전 기술에 대한 글로벌 연간 투자**                    (단위:억 달러)

Solar PV   Other

| | 2021년 | 2022년 | 2023년 | 2024년(예상치) |

자료:World Energy Investment 2024

지위를 확보한 중국의 행보는 공격적이다. 풍력·배터리는 물론이고, 수소·히트펌프 시장도 잠식 중이다.

독과점에 대한 우려로, 미국은 태양광·풍력·배터리 등 관련 산업의 자국 내 유치를 위해 인플레이션 감축법(IRA)을, EU는 탄소국경조정제도(CBAM)를 도입했다. 미국은 대규모 세액공제로 재생에너지 제조시설에 대한 투자 유치가 1500억 달러에 이른다. 태양광 분야는 그 규모가 가장 크며 기술개발 투자도 활발하다. EU도 기록적으로 재생에너지를 보급 중이다. 러시아·우크라이나 전쟁으로 더 급속해졌다. 에너지 자급과 공급망 확보가 안보의 핵심이기 때문이다. 태양광 보급의 경우 'Fit-for-55 정책'의 2030년 목표를 조기 달성할 전망인데 투자 조건 개선과 신속한 기술 적용 덕이다. 'RePowerEU' 등 재생에너지 확대정책과 연계해 유럽 내 공급망 확보를 위한 기술개발에도 투자한다.

태양광·풍력 중심의 에너지 전환은 비가역적이다. 2020년 EU의 재생에너지 발전 비중은 38%로 화석연료를 추월했고, 2022년엔 유럽 전체의 재생에너지 생산량이 화석연료를 초과했다. 같은 해 EU의 태양광·풍력 발전은 22.3%로 화석연료 비중 20%를 능가했다. EU의 2024년 재생에너지 발전 비중은 태양광·풍력 27%를 포함해 44%에 달하여, 풍력만으로도 가스발전을 넘어섰다. 세계 기준으로는 2019년부터 재생에너지가 원자력보다 많은 전기를 생산했으며, 2021년에는 태양광·풍력 발전이 10.2%로

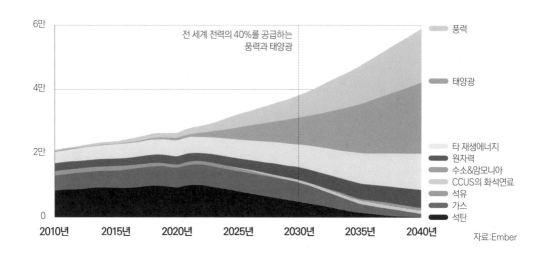

(단위:테라와트시)

전 세계 전력의 40%를 공급하는
풍력과 태양광

6만

4만

2만

0

2010년　2015년　2020년　2025년　2030년　2035년　2040년

풍력

태양광

타 재생에너지
원자력
수소&암모니아
CCUS의 화석연료
석유
가스
석탄

자료:Ember

원전 비중을 넘어섰다. 2030년에는 40% 이상을 태양광·풍력이 감당할 것으로 전망한다.

　'RE100 이니셔티브'도 수출 주도 제조업 강국인 우리의 현재 경제를 위협한다. 태양광·풍력 기술의 전·후방 산업뿐 아니라 반도체·가전·이차전지 생산에도 재생전력 사용을 요구함으로써 태양광·풍력 발전 없는 전략산업화는 어떤 분야라도 불가능해졌기 때문이다. 내수시장이 기술 자체의 검증뿐 아니라 타 산업의 전력공급을 위해서도 중요하다는 얘기다. 430여 개 기업이 가입한 RE100 이니셔티브는 연간 전력소비량 100GW 이상의 대기업이 대상이지만 협력업체에도 동참을 요구하기 때문에 압박으로 작용한다. 유엔(UN)의 '24/7 무탄소(CFE)'나 '한국형 CFE' 역시 태양광·풍력 발전을 중심에 두려는 노력이 가장 시급하다. 다양한 무탄소에너지로 탈탄소화를 꾀하더라도 건설에 10년 이상 필요한 신규 원전이나 그 외 개발 중인 기술들은 2030년까지 실질적 기여가 불가하기 때문이다. 기술 성숙도나 탄소 중립 기여도의 고려 없이 미성숙한 기술들을 앞세우면 본질은 흐려진다.

　통계청에 따르면 한국은 UN 지속가능발전목표(SDG) 이행점검 중간평가 대다수 항목에서 경제협력개발기구(OECD) 주요국 중 최하위권을 기록했다. '청정에너지' 부문도 최하위인데, 낮은 재생에너지 비중 탓이다. '2023 RE100 연간보고서'에 따르면 RE100 가입 기업 40%가 한국에서의 재생전력 조

미국 애리조나주에 설치된 HD현대에너지솔루션의 고출력 태양광 모듈. [사진 HD현대에너지솔루션]

달에 어려움을 겪고 있으며, 이들의 국내 재생에너지 사용률은 9%에 불과하다. 중국, 인도네시아, 베트남, 일본, 인도와 비교해도 낮은 수치다. 삼성전자의 2024년 RE100 달성률은 31%인데, 그중 97%는 해외 사업장에서 채운 것이다. 현대자동차는 19%를 충당했지만 국내 달성률은 0%다. RE100 목표 시기가 대부분 2040년 이후라 하더라도 국내 재생에너지의 공격적 확대는 불가피하다. 공급망 기업 대상의 목표 수립이 필수일 뿐 아니라 기후위기로 투자자들이 관련 조건을 강화 중이기 때문이다. 태양광·풍력을 중심에 둔 치열한 노력 없이는 에너지 안보뿐 아니라 국가 경제가 위협받는다.

전기차, 히트펌프, 에어컨, 데이터센터 등과 함께 전력 사용은 더욱 늘어날 전망이다. 전체 에너지 20% 내외 비중의 현재 전력 수요는 2050년 50% 내외로 두세 배 늘어날 것으로 본다. 태양광·풍력 전기의 직접 사용은 에너지 수송·변환 손실을 줄여 전체 에너지 수요도 줄일 수 있다. 국제에너지기구(IEA)의 2050 넷제로 로드맵에는 태양광이 26%, 풍력 16%, 원자력 12%, 수력이 5%를 차지한다. 전력이 아닌 전체 에너지 비중이니 어마어마한 변화다. 현재의 제조업뿐 아니라 미래 신산업도 태양광·풍력 중심으로 돌아간다는 뜻이다.

이에 태양광·풍력 발전의 간헐성이 이슈다. 에너지저장(ESS), 그린수소, 지능형 전력망, 부문 간 결합(Sector Coupling) 등은 재생에너지 확대를 전제로 그 단점을 극복하고 에너지 수급의 안정화를 도모하기 위한 기술이나. 선도국들의 태양광·풍력 확대는 여러 신산업에 기회를 제공해 왔다. 계통 유연성 확보, 비용 절감과 수익 최적화를 위한 실시간 전력망 관리시스템, 디지털 데이터 솔루션, 배터리 기반 보조서비스 사업, 도매전기사업 등이 그것이다. 에너지 전환은 분산화, 탈탄소화, 디지털화, 자율화, 민주화(decentralization, decarbonization, digitalization, deregulation, democratization) 등 기존 체계와 상이한 특징을 갖는다. 기존 틀을 벗어나 자연이 주는 에너지 사용을 극대화하고자 하는 노력이 난제 해결을 위한 기술과 정책, 제도의 발전을 낳는다.

하나로 해결 가능한 강력한 에너지원은 없다. 최적의 에너지 믹스로 효율적 에너지 수급과 온실가스 감축을 이뤄야 한다. 우리나라는 에너지 수입에 연간 150조 원을 소비하는 자원 빈국이다. 원료가 공짜인 재생에너지 기술로 국내 산업 경쟁력을 강화해야 한다. 내수시장 확보를 통한 실증이 결국 신시장 창출과 글로벌 시장 점유에 중요한 역할을 하는 것이다. 제조업뿐 아니라 관련 서비스업까지 여러 분야에서 일자리 창출을 이루면 에너지 수입을 줄이고 궁극적 의미의 에너지 자립에 다가갈 수 있다.

태양광 에너지는 연료가 아닌 기술이라는 말이 있다. 집중 투자를 기반으로 전략적 연구·개발이 이뤄질 때 경쟁력 강화와 더불어 위기대응도 가능함을 시사한다. 난제 해결에는 혁신이 필요하며, 이는 기술·정책·시장에 동시에 집중할 때 가능하다. 우리나라는 태양전지·이차전지 등 재생에너지 분야 세계 최고 기술뿐 아니라, 반도체·디스플레이·조선 등 우수한 배후 산업 인프라도 보유하고 있다. 세계 시장의 폭풍 성장 속에서 우리 정부는 2024년 5월 '재생에너지 보급 확대 및 공급망 강화 전략'을 발표했다. 정부가 주도하여 체계적으로 연 6GW 용량의 태양광·풍력 설비를 보급하고 공급망을 강화해 시장 확대에 선제적으로 대응할 것이라 밝혔다. 시간이 별로 없다. 우리가 속도 조절이라는 이름으로 숨고르기를 하는 사이 글로벌 기술개발 투자가 급속도로 진행돼 왔기 때문이다.

국내 태양광 산업의 경우 한화솔루션, HD현대에너지솔루션 등 세계가 인정하는 우리 태양전지 양산기업이 기술력을 바탕으로 핵심가치사슬 확보를 위해 고군분투 중이다. 초격차 기술개발과 첨단소재·부품·장비산업 강화로 태양광을 국가전략사업으로 육성할 수 있어야 다른 탄소중립 산업에도 희망이 있다. 기후변화 대응, 에너지 안보 강화, 신산업 창출을 통한 튼튼한 에너지 시스템 구현이 가능하도록 더 늦기 전에 기술혁신을 통한 산업생태계 조성에 총력을 기울여야 한다. **E**

위기이자 기회
# 인공지능·로봇 잡아라

**최연구**
과학문화 칼럼니스트
부경대 과학기술정책학과 겸임교수

AI와 로봇은
불가분의 관계다.
AI는 로봇이 스마트하게
작동할 수 있게 해주고,
로봇은 AI 알고리즘으로
복잡한 작업을 수행한다.
AI는 로봇 지능을 높여주고,
로봇은 AI 적용 분야를 확장하는
보완적 관계이므로
둘은 하나의 조합으로
언급되곤 한다.

서울 삼성동 코엑스에서 열린 '2024 AIoT 국제전시회'에서 참가업체 관계자들이 무인순찰로봇을 조종하고 있다. [사진 연합뉴스]

**2025년 글로벌 경제를 움직일 변수로는 실물 경기, 지정학적 분쟁, 글로벌 공급망 변화, 미국 대선 후 정책, 디지털 기술혁신 등 여러 가지를 들 수 있다.** 그중 인공지능(AI)과 로봇 기술은 꼭 눈여겨봐야 할 중요한 요소다.

2016년 다보스 포럼에서 4차 산업혁명이 공식화되면서, AI와 로보틱스는 시대의 핵심기술로 자리 잡았다. 특히 AI는 가장 핫한 첨단 기술로, 그 빠른 발전은 사회 전반에 걸쳐 격변을 예고한다. 기술 진화는 노동시장과 일자리 변화에 그치지 않고, 생산성, 산업 구조, 소비 패턴 등 다방면에 걸쳐 크게 영향을 미칠 것이다.

미래학자 제러미 리프킨(Jeremy Rifkin)은 1995년 출간한 '노동의 종말(The End of Work)'에서 기계화와 자동화는 인간 노동을 대체하고 있으며, 결국 인간 노동의 종말이 올 수 있다고 경고했다.

"초기 산업 기술은 노동력의 육체적 힘을 대체했다. 새로운 컴퓨터 기술은 인간의 마인드 자체를 대체하려 한다. 생각하는 기계가 경제 행위 전 영역에 걸쳐서 인간을 대체하고 있다. 이것은 중대한 의미를 지닌다. 대다수 산업 국가의 노동 인구는 75% 이상이 단순 반복 작업에 종사한다. 자동기계, 로봇, 더 정교화되고 있는 컴퓨터는 이런 작업의 대부분을 수행할 수 있다."

## 빠르게 스며드는 AI

그가 말한 '생각하는 기계'의 진화된 형태가 AI·로봇이다. '4차 산업혁명'을 전면에 내건 2016년 다보스 포럼 때, 가장 주목받았던 것은 '일자리의 미래(The Future of Jobs)' 보고서였다. "4차 산업혁명으로 710만 개 일자리가 사라지고 새로 만들어질 일자리는 200만 개"라는 전망이 담겼기 때문이다. 이 보고서는 정기적으로 업데이트되고 있고, 가장 최근의 2023년 보고서는 "2027년까지 6900만 개 일자리가 창출되고 8300만 개 일자리가 사라져 1400만 개 일자리가 줄어들 것"으로 예측했다.

노동과 일자리 이슈에서 가장 파급력이 큰 것은 기계화와 자동화다. 기계화는 주로 로봇이 담당하고, 자동화는 소프트웨어(SW)와 AI가 주도한다. 리프킨과 다보스 포럼의 공통된 우려는 이 지점에서 만난다. 그리고 지금, 30년 전 리프킨의 경고가 생성형 AI 출현으로 재소환됐다.

AI와 로봇은 불가분의 관계다. AI는 로봇이 스마트하게 작동할 수 있게 해주고, 로봇은 AI 알고리즘으로 복잡한 작업을 수행한다. AI는 로봇 지능을 높여주고, 로봇은 AI 적용 분야를 확장하는 보완적 관계이므로 둘은 하나의 조합으로 언급되곤 한다. AI·로봇은 기술의 궁극적 단계라 할 수 있다.

2024년 노벨 과학상 주역도 AI였다. 노벨 과학상 3개 분야 중 물리학, 화학 등 2개 분야를 석권한 것은 역사적 의미가 있다. 노벨위원회가 AI 연구에 상을 몰아준 것은 'AI 시대 전환'의 공식화로 해석될 수 있다. AI는 과학연구의 주류가 되었고, 기초과학, 신약 개발, 콘텐츠 생성, 재난 예측 등 분야를 막론하고 적용 가능한 범용 기술로 자리 잡고 있다.

디지털 경제의 성장 속도는 산업경제에 비해 훨씬 빠르며 특히 AI는 기하급수적인 속도로 발전하고 있다. OECD '디지털 경제 예측(Digital Ecinomy Outlook) 2024'에 의하면 AI는 폭발적 성장 추세고, 2023년 생성형 AI 기업에 대한 벤처캐피털 투자는 급증했다. AI 스타트업 글로벌 투자 규모는 2014년 163억 달러에서 2023년 980억 달러로 6배 증가했다. 2025년에는 더 빠른 성장, 더 많은 투자가 예상된다. 2024년과 마찬가지로 AI 연구개발의 필수요소인 AI 반도체는 경제산업 성장의 엔진 역할을 계속할 것이다. AI·로봇 기술 가속화는 실용화 단계로 접어들 것이며 다음과 같은 변화 흐름이 예측된다.

우선 생산성 향상이다. AI·로봇은 산업 현장에서 생산성을 극대화할 잠재력을 가지고 있다. 특히 제조업, 물류, 농업 등 전통 산업 분야에서 로봇 SW를 통한 업무 자동화 기술(RPA, Robotic Process Automation) 도입이 확대될 것이다. 테슬라의 공장 자동화, 아마존의 로봇 물류 시스템, 다빈치 로봇 수술, 드론 및 농업로봇, 일본의 로봇 호텔 등 이미 AI·로봇은 산업 현장에 실제 적용되고 있고 이런 사례는 확대될 것이다. 이를 통해 기업은 비용 절감, 생산성 제고 효과를 누릴 수 있고, 이는 가격 안정화 및 소비자 혜택으로 이어질 수 있다.

둘째, 노동시장 재편과 일자리 지형 변화다. 자동화 확대로 일자리 감소는 불가피하며, 특히 물류 작업, 식당 서빙 등 단순 반복 작업 및 육체노동에 의존하던 직종에서 AI와 로봇 비중은 더 커질 것이다. 반면 AI·로봇의 설계·유지·보수, AI 응용 서비스 개발, AI 시스템 관리, 빅데이터 분석, AI 훈련 등 신기술 기반의 직업 수요는 점점 증가할 것이다.

## 산업 구조 송두리째 바뀐다

셋째, 새로운 비즈니스 모델 등장과 산업 구조 변화다. AI·로봇 기술은 새로운 비즈니스 모델을 창출하며, 이로 인해 AI·로봇 스타트업이 늘어날 것이다. AI 서비스 기업, AI 교육 스타트업 창업이 활발해지고, 이들은 전통 산업에 도전장을 내밀 것이다. AI·로봇은 물류, 운송, 보험·금융업 등 여러 분야에서 영향력을 미칠 것이고, 헬스케어·의료 산업에서는 AI 기반 진단 시스템과 로봇 수술 도입 등 혁신적 시도가 계속될 것이다. 챗GPT, 클로드, 제미나이 등 빅테크 기업의 고비용·고난이도의 생성형 AI 업그레이드 경쟁도 더욱 치열해지겠지만, 그보다는 이를 활용해 애플리케이션프로그램인터페이스(API)로 개발한 다양한 AI 응용 서비스 상품이 다수 출시돼 옥석을 가리는 경쟁이 격화할 것이다. 가령 한국에서는 2025년부터 학교 현장에 AI 디지털 교과서가 단계적으로 도입될 예정인데, 그 정책적 효과로 인해 AI 에듀테크 상품 시장이 커질 가능성이 있다. 한편 클라우드 기반 생성형 AI의 대안으로 제시된 sLLM(Small Large Language Model) 기반 '온디바이스 AI'가 상용화되는 원년이 될 가능성이 크다. sLLM은 대규모 언어모델에 비해 상대적으로 작은 크기의 언어모델로, 클라우드를 거치지 않고 스마트폰, PC 등 디바이스에서 효율적으로 구동된다. AI 스마트폰, AI PC가 소비자 지갑을 열 수 있을지에 주목해야 한다.

넷째, 소비 패턴과 트렌드 변화다. AI·로봇은 소비 패턴을 변화시킬 것이다. AI는 방대한 데이터를 바탕으로 개인 취향과 행동을 분석해 맞춤형 제품과 서비스를 제공할 수 있다. 쇼핑, 엔터테인먼트, 교육, 헬스케어 등의 분야에서 맞춤형 경험이 제공될 것이다. 외국어 학습, 통번역, 문서 작성, 이미지·영

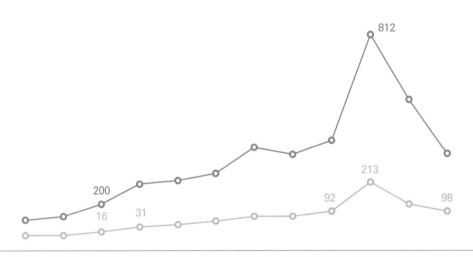

**AI 및 AI 스타트업 VC 투자 규모**                    (단위:10억 달러)

전체 ⬤⬤⬤    AI 스타트업 ⬤⬤⬤

812

200

16    31

92

213

98

2012년  2013년  2014년  2015년  2016년  2017년  2018년  2019년  2020년  2021년  2022년  2023년

자료 : 2024년 OECD 디지털 경제 전망

상 생성, 건강 체크 등 일상에서 개인화가 가능한 다양한 AI 서비스 앱이 쏟아져 나올 것이고, 소비자들은 일상적 AI 활용에 익숙해질 것이다. 가사돌봄 서비스에서 로봇 활용이 증가하면 개인 여유 시간과 콘텐츠 수요가 늘어나 새로운 시장이 형성될 가능성도 있다.

마지막으로 불평등 심화와 양극화를 빼놓을 수 없다. AI·로봇 기술 발전으로 인한 경제·사회적 불평등 심화는 피할 수 없다. 첨단 기술을 활용하는 사람과 그렇지 않은 사람 간 역량 격차, 디지털 역량을 갖춘 인력과 그렇지 못한 인력 간 임금 격차, AI·로봇 기술을 선제적으로 도입한 기업과 그렇지 못한 기업 간 생산성 격차가 벌어질 것이다. AI 시장에 뛰어드는 기업 중 수익을 올리는 기업이 많지는 않겠지만, 가능성 있는 기업과 적자 기업 간의 격차는 가시화할 것이다. 중장기적으로는 실직한 노동자가 재취업할 수 있는 사회 시스템을 국가 차원에서 마련하지 않으면, 사회적 갈등은 커질 수밖에 없다. 따라서 정부의 사회안전망, 기업의 재교육 프로그램 확충이 사회 이슈로 부상할 것이다.

2025년에는 AI·로봇이 경제에 미치는 영향이 가시화하면서, 긍정적 영향, 부정적 영향 및 부작용이 점점 더 뚜렷해질 것이다. 생산성 향상, 산업 구조 개편은 미래 성장 동력이 될 수 있지만, 동시에 노동시장 재편과 불평등 문제를 해결하기 위한 단계별 대응책도 미리 준비해야 한다. AI·로봇이 가져올 기회와 도전에 대한 전략적 대응이 국가와 기업의 경쟁력이라는 믿음이 공고해지는 한 해가 될 것이다. ▣

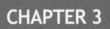

CHAPTER 3

# 한국 경제 전망

경제 성장, 글로벌 평균 상회할까

수출 경쟁력 되살아날까

금리 인하 기조 계속될까

부동산 시장 어떻게 움직일까

경제 성장, 글로벌 평균 상회할까

# 2% 성장률 달성 위한 조건
## 재정·통화 정책 역할 변화 중요

**이부형**
현대경제연구원 이사대우

2025년 우리 경제는
분위기를 뜻하는 바이브와
경기 침체를 뜻하는 리세션의 합성어인
바이브세션(vibecession) 상황에서
벗어나느냐 마느냐가
중요하다고 할 수 있는 만큼
향후 정책 당국의 거시경제 안정화 노력
즉, 재정과 통화 측면에서의 대응이
긴요한 상황이라고
할 수 있다.

안정적인 인플레 수준과 함께 미국과 유로존 등을 필두로 한 글로벌 통화정책 전환 등으로 경기 회복세가 유지될 것으로 기대되는 글로벌 경제 흐름과는 달리 2025년 우리 경제는 산적한 대내외 리스크로 인해 경기 저점을 확인해 나가는 한 해가 될 가능성이 커 보인다.

대외적으로는 이미 진행 중인 미국 경제의 불확실성, 중국 경제의 일본화(Japanification), 불투명한 전쟁의 향방과 같은 2025년뿐 아니라 상당 기간 우리 경제를 괴롭힐 가능성이 큰 리스크가 다수라는 점에 유의할 필요가 있다.

먼저 미국 경제의 불확실성이란 재정지출 확대, 국채 금리 상승, 관세율 인상이라는 3가지 현상이 겹치면서 인플레 압력 확대와 그로 인한 금리 인하 속도 둔화 및 투자 부진에서 기인하는 성장세 약화 가능성을 말한다. 만약 이런 시나리오가 현실화할 경우 수출 감소, 원달러 환율 상승에 따른 수입 물가 및 인플레 상승, 자산시장 불안정 등 우리 경제는 부정적 영향을 피해가기 어려울 수도 있다. 더군다나

서울의 한 대형마트에서 시민이 장을 보고 있다. [사진 연합뉴스]

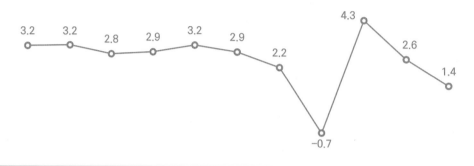

**10년간 한국 경제성장률(2013~2023년)**
(단위:%)

3.2　3.2　2.8　2.9　3.2　2.9　2.2　−0.7　4.3　2.6　1.4

2013년　2014년　2015년　2016년　2017년　2018년　2019년　2020년　2021년　2022년　2023년

자료 : KOSIS

중국과의 갈등이 지금보다 더 첨예해질 가능성이 크다는 점까지 고려하면 우리 경제가 입을 피해는 더 커지게 된다.

## 성장률 2%만 달성해도 성공

중국 경제에 대한 우려는 이보다 훨씬 심각하다. 중국은 통화 및 금융 측면에서 대규모 경기부양책을 도입했음에도 불구하고 2024년만 하더라도 5% 성장 목표 달성 실패가 확실시되는 등 시장의 경기 회복 기대감을 충족시키기에는 턱없이 부족한 것으로 평가받고 있다. 물론 최근 들어 지방정부 부채 리스크 대응, 유휴토지 및 부동산 매수 등을 통해 경기 침체 장기화의 원인인 부동산 시장의 부실을 털어내고 내수를 진작하려는 대규모 재정지출을 계획하고 있기는 하다.

하지만 이것 역시 3~5년에 걸친 중기 계획이라는 점을 고려하면 2025년에도 5%대 성장경로로 복귀하기는 어려워 보이고, 중국 경제의 일본화 현상에서도 벗어나기는 쉽지 않아 보인다. 최대 수출 상대국이자 여전히 주요 글로벌 공급망 중 하나로 외환 및 금융시장은 물론 경제 전반에 걸쳐 우리나라와 여전히 강한 동조성을 보이는 중국 경제의 회복 기대감이 약하다는 점은 분명 큰 리스크임에 틀림없다.

러시아·우크라이나, 이스라엘을 중심으로 한 중동 지역에서 치러지고 있는 전쟁 역시 확산 여부와 종결 시기가 매우 불투명하다는 점에서 우리 경제에는 또 다른 하나의 대형 리스크가 아닐 수 없다. 2025년에는 국제 유가를 비롯한 에너지 가격이 하향 안정화될 것이라는 전망이 다수지만, 중동 지역의 전쟁 양상이 개선되지 않는다면 시장 일각에서 우려하는 유가 100달러 시대의 재도래 가능성도 배제할 수 없다. 더군다나, 글로벌 공급망마저 훼손된다면 이제 겨우 안정세를 보이는 인플레 추세, 가뜩이나 불안정한 외환 및 금융시장, 수출 등 전방위적으로 우리 경제에 악영향을 미칠 수밖에 없다.

대내적으로도 염려되는 바가 적지 않다. 2024년 우리 경제를 돌이켜보면 고물가·고금리 장기화의 누적 효과로 인해 내수 부진에서 벗어나지 못하는 가운데 그나마 수출 호조세가 이어지면서 경기 버팀목 역할을 함에 따라 경기 침체는 회피할 수 있었다. 다만 이제는 우리 경제의 성장세가 점차 약해지고, 체감경기 회복이 지연되면서 2025년에는 2% 정도로 추정되는 잠재성장률 수준만 달성해도 다행이 아닌가 하고 생각해야 할 수 있는 상황이다.

## 바이브세션, 벗어날 수 있을까

우리 경제는 2024년 1분기 3%대의 깜짝 성장세를 보인 후 3분기에는 1%대로 하락한 가운데 하반기 들어서는 현 경기 여건을 나타내는 동행종합지수 순환변동치가 전혀 개선되지 않고 있을 뿐 아니라 향후 경기 전망을 나타내는 선행종합지수 순환변동치 역시 악화 가능성이 커졌다. 여기에 수출 기업과 내수 기업 간 뚜렷한 실적 차이를 보이고, 가계 역시 향후 생활 형편이나 경기, 취업 기회 등의 전망을 어둡게 보고 있는 등 경제 주체들의 심리가 전혀 개선되고 있지 않은 모습이기 때문에 경기 저점도 확인할 수 없었다. 만약 실물경기와 체감경기 흐름이 이대로 유지된다면 2024년 우리 경제는 정책 당국이 목표한 2%대 중반의 성장률 달성이 어려울 수 있고, 2025년에도 IMF(국제통화기금)나 OECD(경제개발협력기구)와 같은 대외 주요 기관의 전망치인 2% 초반대의 성장에도 못 미칠 수 있다.

결론적으로 말하자면 2025년 우리 경제는 분위기(체감경기)를 뜻하는 바이브(vibe)와 경기 침체를 뜻하는 리세션(recession)의 합성어인 바이브세션(vibecession) 상황에서 벗어나느냐 마느냐가 중요하다고 할 수 있는 만큼 향후 정책 당국의 거시경제 안정화 노력 즉, 재정과 통화 측면에서의 대응이 긴요한 상황이라고 할 수 있다. 다만 안타깝게도 우리 경제에 대한 통화 및 재정정책 당국의 낙관론도 유지될 전망이어서 시장의 기대만큼 강한 경기 부양책 실시 가능성이 약하다는 점에 유의할 필요가 있어 보인다.

재정정책 당국의 경우, 애초 건전성과 성장 여력 확충이라는 두 마리 토끼를 동시에 쫓고 있다는 점

이창용 한국은행 총재가 2024년 10월 서울 중구 한국은행에서 열린 금융통화위원회 기준금리 결정에 관한 기자간담회에서 발언하고 있다. [사진 연합뉴스]

에서 경기 부양 측면에서는 그 기능이 약할 수밖에 없다. 더군다나 2024년에만 30조 원 이상의 세수결손이 예상된 만큼 위기 상황이 아니라면 당초 계획보다 재정지출 규모를 더 확충하기는 어렵다. 물론 재정지출의 효율성을 높일 수는 있겠지만, 그것이 성장 여력 확충 또는 성장률 상승에 미치는 효과는 제한적이라고 할 수 있어서 재정지출 규모 확대 효과에는 전혀 미칠 수 없을 것이다.

　　통화정책 당국 역시 경기 부양만을 추구할 수 없는 대내외 여건이 지속될 것으로 우려된다. 부동산 시장 혼란 및 가계부채 리스크 확대로 인한 금융시스템의 불안정성 확대 우려가 여전한 가운데 각종 대외 리스크로 원달러 환율과 수입물가가 상승해 국내 물가를 자극할 수 있는 상황이 2025년에도 반복될 가능성이 크기 때문이다. 더군다나 우리 경제의 흐름에 대해서도 재정정책 당국과 마찬가지로 대외 리스크 확대 및 부문별 경기 차별화에 대한 우려가 있음에도 불구하고 회복세가 유지되면서 2% 수준의 잠재성장률 정도는 지킬 수 있다는 낙관적인 판단과 전망을 견지하고 있는 만큼 통화 및 금융 완화 속도와 강도를 높여갈 유인이 크지 않을 것으로 예상된다.

이런 상황이 2025년에도 유지된다면 통화정책 당국은 물가안정목표 2%는 달성할 수 있을 것이고, 재정정책 당국으로서도 계획을 크게 상회할 정도로 재정 여건이 악화하지 않는 것이 성과라면 성과를 얻을 수는 있게 될 것이다. 반대로 우리 경제는 대외 주요 기관의 전망처럼 2% 초반대 또는 잠재성장률 수준까지 성장세가 낮아질 수도 있다.

2025년 우리 경제는 2024년과 마찬가지로 물가안정목표 2%는 달성할 수 있겠지만, 3% 초반대로 전망되는 세계 경제성장률에 훨씬 못 미치는 성장세에 만족해야 할 수도 있는 만큼 향후 거시경제 안정화의 두 가지 수단인 재정과 통화 정책의 역할 변화가 매우 중요할 전망이다. **E**

# 트럼프 재선으로 보호무역·자국 우선주의 강화
# 시장 변화에 기민하게 대응해야

**장상식**
한국무역협회 동향분석실장

한국 수출은
수많은 도전과 변화 속에서도
경쟁력과 유연성을 바탕으로
지속적인 성장을 이루어왔다.
새해에는 한국 기업들이
급변하는 무역 환경과
변화하는 시장 수요에
기민하게 대응하며,
미래 시장을 선도할 혁신을 통해
새로운 돌파구를 마련할 때다.

2025년 한국 수출 시장은 둔화할 것으로 전망된다. [사진 연합뉴스]

**2024년 한국 수출은 세계 경제의 불확실성 속에서도 안정적인 성장을 기록하며 경쟁력을 다시 한번 입증했다.** 2023년 10월 이후 15개월 연속 성장세를 이어오며 연간 8%대의 높은 성장률을 기록해 경쟁국을 뛰어넘는 성과를 보여주었다. 한국의 수출 순위는 2023년 8위에서 2024년 프랑스와 이탈리아를 제치고 6위로 상승했다. 특히 대미 수출이 크게 증가하면서 미국과 중국이 수출 대상국 1위 자리를 두고 경합을 벌였다. 아울러 아시아, 중남미, 중동 지역으로의 수출도 꾸준히 늘어나며 미국과 중국에 대한 의존도를 낮추고, 대륙별로 고른 성장을 이루면서 수출 다변화가 진전되었다.

품목별로 보면, 반도체, 컴퓨터, 무선통신, 디스플레이 등 IT 제품이 강세를 보였다. 특히 반도체 수출이 돋보였는데, 2024년 수출 증가에 75%를 기여하며 수출 성장을 이끌었다. AI 산업 성장과 데이터센터 수요 증가, 반도체 단가 상승이 주요 요인이었다. 이 외에도 K-컬처의 인기를 바탕으로 화장품, 의약품, 식품 등 소비재 수출이 두드러진 성장을 기록했다. 한국의 소비재 수출은 세계 시장에서 브랜드

가치와 품질을 인정받으며 높은 성장세를 보였으며, 이러한 품목 다변화는 수출 안정성을 높이는 데 크게 기여했다.

　그러나 2025년에는 대외 무역 환경이 악화하면서 수출 둔화가 불가피할 전망이다. 2024년 수출 급증에 따른 기저효과와 더불어 트럼프가 미국 대통령에 재선되면서 각국의 보호무역과 자국 우선주의가 더욱 강화될 가능성이 크기 때문이다. 특히 트럼프 2기 정부는 전 세계에 보편 관세를 부과하고, 중국에는 최대 60%에 달하는 초고율 관세를 적용하겠다는 공약을 내세우고 있어 한국 수출에 타격이 예상된다.

## 자동차 산업 큰 위기 맞을 것

트럼프는 협상 과정에서 '앵커링' 전략을 구사해 협상 초기에 높은 요구안을 제시하고 점진적으로 양보

제47대 미국 대통령 도널드 트럼프. [사진 AP=연합뉴스]

하면서 목표를 관철하는 방식을 선호한다. 따라서 모든 국가에 10~20% 수준의 관세를 부과하고 중국에는 초고율 관세를 적용하려는 계획이 어느 정도 실현될지 주목된다. 이러한 무역 장벽이 현실화하면 한국 수출의 향방에 큰 영향을 미칠 것으로 우려된다.

한미 자유무역협정(FTA)으로 관세가 없던 한국 제품에 10%의 관세가 적용되면, 자동차와 전자제품을 중심으로 수출에 악영향이 나타날 전망이다. 다만, 미국이 중국에 60%에 달하는 고율 관세를 동시에 부과할 경우 미국 시장에서 중국과 경합이 높은 한국의 반사이익이 상대적으로 커져 다른 나라보다 영향이 적을 것으로 예상된다.

한국의 대미 무역흑자가 커지면서 흑자 축소 압력도 거세질 것으로 보이며, 특히 대미 흑자의 60% 이상을 차지하는 자동차 산업이 주요 타깃이 될 전망이다. 트럼프 1기 정부 때도 '무역확장법 232조'를 활용해 수입차를 미국 국가 안보에 위협이 되는 품목으로 지정하려 한 전례가 있어 이번에도 이를 재검토할 가능성이 있다. 안전 기준과 환경 규제 같은 비관세 장벽을 강화해 한국산 자동차의 미국 시장 진입을 제한할 방안도 검토할 수 있다. 또한 '미국 제품 구매, 미국인 고용(Buy American, Hire American)' 정책을 강화해 한국 자동차 기업의 미국 내 생산과 투자를 확대하도록 요구할 가능성도 있다.

대중국 수출도 위축될 가능성이 높다. 중국에 대한 미국의 높은 관세는 중국 경제에 직격탄이 될 수 있으며, 한국의 대중국 수출에도 간접적인 타격을 줄 것으로 예상된다. 한국의 대중국 수출의 75%는 중국 내수용, 25%는 중국의 해외 수출용 중간재로 쓰이며 이 중 5%는 최종 목적지가 미국이다. 따라서 미국의 대중국 관세 부과와 수출 통제로 중국의 대미 수출이 위축되면 한국의 대중국 수출도 중국 내수 침체와 대미 수출 감소로 이중 타격이 불가피하다.

다른 지역으로의 수출 전망도 밝지 않다. 트럼프의 보호무역 정책에 영향을 받아 각국이 자국 우선주의를 강화할 경우 한국 수출에 추가적인 부담으로 작용할 것이다. 특히 중국은 내수 부진으로 상품 재고가 사상 최고치를 기록하면서 이를 해소하기 위해 재고 물량을 해외로 내보내고 있다. 중국의 공급 과잉은 필연적으로 세계 시장에서 가격 하락과 경쟁 심화를 초래하며, 이는 중국과 경쟁 관계에 있는 한국 수출에 부정적인 영향을 미칠 수 있다. 2024년 중국의 철강 공급 과잉으로 한국의 철강 수출이 감소한 것이 대표적인 사례다.

2025년 수출을 품목별로 살펴보면, 2024년 1400억 달러에 달한 반도체는 AI와 고성능 컴퓨팅 수요 증가로 소폭의 성장세가 기대된다. 반도체가 AI, 데이터센터, 전기차 등 다양한 산업에 필수재로 자리 잡고 있어 세계 경기 둔화에도 불구하고 고부가 가치 메모리 수요가 지속될 전망이다. 최근 반도체 단가 하락이 발생했으나, 가격 하락은 2025년 상반기까지 이어진 후 하반기에는 다시 반등할 것으로 예상된다. 다만, 미국의 대중국 제재와 중국의 반도체 자립도 강화, 미중 간 공급망 분절은 한국 반도체 산업에 부정적인 요소로 작용할 수 있다.

자동차 산업에서는 유럽연합(EU) 및 신흥 시장의 경기 회복과 금리 인하로 소비자 구매력 개선이 기대되지만, 현대차·기아의 북미 생산능력 확대와 미국의 통상 압력으로 전체 수출은 소폭 감소할 전망이다. 중동 지역의 정치 불안정과 중국의 자동차 수출 확대에 따른 컨테이너 선복 부족, 해상 물류비 부담은 2025년에도 지속될 것으로 보인다.

석유화학과 석유제품은 2025년에도 수요 둔화와 공급 과잉에 직면할 가능성이 크다. 석유화학은 중국, 인도 등 경쟁국의 공급 증가로 경쟁이 치열해지고, 유가 하락으로 인한 가격 인하 압박도 예상된다. 석유제품 역시 공급 증가로 인해 가격 경쟁이 치열해질 전망이다. 기계류는 주요국의 인프라 투자와 설비 투자가 늘어 소폭 증가할 것으로 예상되며, 선박은 지속적인 선가 상승과 함께 고가의 액화천연가스(LNG)선 수출 비중이 늘어나며 증가세가 예상된다.

## 미국 시장에서 수익성 높여야

전반적으로 2025년 수출은 2024년보다 소폭 증가하는 강보합세가 예상되나, 미국 등 주요 수출국의 보호무역이 확대될 경우 수출 감소도 배제하기 어려운 상황이다. 최근 내수 부진이 심화하면서 국내 경제 성장의 대부분을 수출이 견인하고 있다는 점을 감안할 때 2025년에는 수출 경쟁력 제고와 수출시장 다변화를 위한 노력이 요구된다.

우선 미국과 중국 등 주요 시장에 대한 의존도를 줄이고 동남아시아국가연합(ASEAN), 중남미, 중동 등 신흥 시장 진출을 확대해야 한다. 이미 체결된 여러 국가와의 FTA를 적극 활용하여 관세 혜택을 극대화하고, 새로운 양자 및 다자간 무역 협정을 강화하여 수출 영토를 넓혀야 한다. 특히 아시아 태평양 지역의 메가 무역협정인 포괄적·점진적 환태평양경제동반자협정(CPTPP) 가입을 적극 고려할 필요가 있다. 또한 경쟁국과의 기술 격차를 확대하고 차별화된 고부가가치 제품을 개발해 각국의 무역 장벽에 덜 영향을 받는 수출의 전략적 자주성을 높여야 한다.

미국 시장에서는 트럼프의 법인세 인하와 규제 완화 정책을 우리 기업의 수익성을 높이는 기회로 삼아야 한다. 현지 생산 비중을 확대하고 현지화 전략을 강화해 무역 장벽에 효과적으로 대응할 필요가 있다. 또한, 반도체 등 기술 제재와 수출 통제가 강화되는 업종은 미국 기업과의 협력을 강화하고, 대중국 공급망 및 판매 의존도를 줄여 리스크를 분산하는 전략이 요구된다.

미국 시장으로 수출이 어려워지면서 각국이 제3국 수출에 주력하게 되어 다른 시장에서의 경쟁이 한층 치열해질 전망이다. 특히 중국과의 경쟁이 격화할 가능성이 큰 만큼, 차별화를 위해 품질, 브랜드, 기술적 우위를 갖춘 프리미엄 제품을 개발하고, 물류 최적화와 자동화를 통해 가격 경쟁력을 확보함으로써 글로벌 시장에서 입지를 강화해야 한다.

한국 수출은 그동안 수많은 도전과 변화 속에서도 경쟁력과 유연성을 바탕으로 지속적인 성장을 이루어왔다. 다가올 위기는 더 큰 도약의 기회가 될 수 있다. 2025년에는 한국 기업들이 급변하는 무역 환경과 변화하는 시장 수요에 기민하게 대응하며, 미래 시장을 선도할 혁신을 통해 새로운 돌파구를 마련할 때다. **E**

# 인플레이션 우려
# 금리 인하 속도 떨어뜨릴 가능성 높아

**김정식**
연세대 경제학부 명예교수
금융위원회 옴부즈만 위원장

미국 경제는 상당 기간
호황을 누릴 것으로 전망된다.
잠재성장률도 상향 조정되고 있다.
미국 경제의 호황 국면이 지속되면
인플레이션 재발 우려로
미국의 금리 인하 속도가 늦어지고,
한국의 금리 인하 속도도
늦어질 수 있다.

**한국은행 본관 현관에는 '물가안정'이라는 현판이 걸려있다.** 물가상승률을 낮춰서 한국은행이 발행한 돈의 가치를 지키겠다는 의미다. 이 때문에 한국은행은 물가 안정 목표제를 운용하고 있다. 목표 인플레이션 2%를 지키기 위해 기준금리를 변경하고 통화량을 조절하는 등 통화정책 수단을 쓴다.

한국은행이 경계하는 물가 상승(인플레이션)의 원인은 크게 두 가지다. 먼저 수요견인형 인플레이션이다. 수요견인형 인플레이션은 경기가 좋아서 상품을 구매하려는 수요가 늘어나며 물가가 오르는 경우다. 수요견인형 인플레이션이 발생하면 한국은행은 금리를 높여 수요를 억제해 물가를 안정시킨다.

또 다른 인플레이션의 유형은 비용상승형 인플레이션이다. 비용상승형 인플레이션은 원자재와 원유가격, 임금과 환율이 올라가 생산원가가 상승해 물가가 오르는 경우다. 비용상승형 인플레이션이 발생하면 금리를 높여 물가를 안정시키기 어렵다. 금리 인상으로 인플레이션 기대를 낮춰 임금 인상을 억제하는 간접적인 방법이 있지만, 금리를 큰 폭으로 인상해야 하고 격심한 경기침체도 감수해야 한다. 이런 경우에는 원인인 원자재와 원유가격, 환율과 임금이 내려야 물가를 안정시킬 수 있다.

한국은 2021년 물가가 오르기 시작해 2022년 7월 물가상승률이 6.3%로 높아졌다. 물가가 높아진 원인은 복합적이다. 경기는 침체국면이지만, 국제원유와 원자재 가격이 상승했고 환율은 40% 가까이 높아진 탓이다. 이는 미국의 수요견인형 인플레이션과 달리 전형적인 비용상승형 인플레이션이다. 한국은행은 물가를 안정시키기 위해 1년 반 동안 기준금리를 3%포인트(p) 높였다. 금리를 큰 폭으로 인상한 이유는 인플레이션을 낮추기 위해서였지만, 근본적인 이유는 한국과 미국의 금리 차이 때문에 벌어질 수 있는 자본유출을 막기 위해서다.

하지만 급격한 금리 인상으로 내수 침체는 더욱 심화했다. 또, 높은 금리로 인해 금융부실이 늘어나기 시작했다. 다행히 원유가격과 환율이 하락하면서 최근 물가상승률은 1.3%까지 낮아졌고, 한국은행은 2024년 10월 내수 회복을 위해 금리를 0.25%p 인하하기 시작했다. 하지만 우리의 관심사인 한국은행의 추가 금리 인하 여부와 속도에는 다양한 요인들이 영향을 끼친다.

## 미국 금리정책 주목해야

먼저 한국은행의 추가 금리 인하 움직임은 미국의 금리 인하 움직임과 밀접하게 연관돼 있다. 자본시장이 개방돼 있어 미국의 금리정책이 한국의 금리정책에 큰 영향을 줘서다. 한국과 미국의 금리가 크게 차이 날수록 자본의 유출입으로 환율과 통화량이 변동될 수 있다. 이 때문에 자본자유화가 추진된 개방경제에서는 독립된 통화정책을 사용하기 어려워진다. 중국처럼 자본자유화를 하지 않은 국가는 독립적으

한국은행은 물가를 안정시켜 돈의 가치를 지키겠다는 의미를 담아 본관 현관에 '물가안정'이라는 현판을 걸었다. [사진 연합뉴스]

로 통화정책을 사용할 수 있지만, 그렇지 않은 경우는 미국의 금리정책의 영향을 받지 않을 수 없다.

미국 경기는 예상과 달리 상승세를 지속하고 있다. 그동안 인공지능(AI), 배터리, 바이오 등 신기술에 대한 투자로 신산업을 주도하고 있어 미국 경제는 상당 기간 호황을 누릴 것으로 전망된다. 잠재성장률도 상향 조정되고 있다. 미국 경제의 호황 국면이 지속되면 인플레이션 재발 우려로 미국의 금리인하 속도가 늦어지고, 한국의 금리 인하 속도도 늦어질 수 있다.

미국 트럼프 행정부의 경제정책 변화도 한국은행의 추가 금리 인하를 지연시키는 요인이다. 트럼프 미국 대통령 당선인은 미국의 내수경기를 부양하기 위해 저금리와 관세정책을 선호한다. 미국의 저금리와 관세정책으로 물가가 상승한다면 미국의 금리 인하 속도는 늦어질 수 있다. 여기에 트럼프 행정부가 법인세를 인하하는 등 확대재정정책을 시행하면 재정적자 확대로 국채 발행이 늘어나 금리가 상승할 것으로 전망된다. 이는 미국의 금리 인하가 지연되는 결과로 이어질 수 있다. 그 외에도 트럼프 대통령 당선인의 전략인 '불확실성'도 한국은행의 금리 인하를 늦추는 요인이다. 경제에서 불확실성은 소비와 투자를 위축시키고 물가를 불안하게 만들기 때문이다.

위화 환율과 이로 인한 인플레이션 재발도 한국은행의 금리정책 방향에 영향을 주는 요인이다. 미국 경기의 호황으로 금리 인하 속도가 늦어질 것이 예상되자, 달러 강세로 원화 환율은 다시 1400원 선을 넘어서고 있다. 한국은행은 환율상승으로 인한 수입 물가 상승과 인플레이션 재발, 자본유출을 우려해 추가 금리 인하 시기를 늦출 공산이 크다. 다만 트럼프 2기 행정부가 내수를 부양하기 위해 저금리 정책을 내놓는다면, 달러 약세로 한국 원화는 강세가 돼 원화 환율이 하락할 수도 있다. 트럼프 대통령 당선인은 당선 이전 대미국 수출을 늘리려는 일본, 한국, 중국의 고환율 정책을 비난했다. 가능성은 희박하지만 1985년 플라자 협정과 같은 협상으로 인해 원화 환율이 낮아진다면 물가가 안정되면서 금리 인하 속도가 빨라질 수도 있다.

## 내수 침체 시 금리 인하 가능

한국의 국내적 요인으로는 고금리와 내수 침체로 금융부실이 확산하거나, 중소상공인과 자영업자의 도산이 늘어날 경우 한국은행의 추가 금리 인하 가능성이 커진다. 반대로 부동산 가격상승과 같은 자산 가격 거품(버블)이 생성되거나 가계부채가 늘어난다면 한국은행은 금리 인하 시기를 늦추게 된다.

고물가와 산업경쟁력 약화 또한 한국은행의 금리 인하를 지연하는 요인이다. 최근 물가상승률은 낮아졌지만, 그동안 오른 물가수준이 낮아지지는 않아 고물가가 지속되고 있다. 고물가는 시차를 두고 임금인상을 유발해 산업경쟁력을 낮춘다. 여기에 한국의 주력 산업은 중국의 추격으로 경쟁력을 잃고 있다. 반도체와 자동차 산업은 비교우위를 유지하고 있지만, 이들 산업도 추월당할 위기다. 신산업에서 경쟁력을 확보하지 못하면 무역수지 악화로 고환율과 고물가가 '새로운 표준(New Normal·뉴 노멀)'이 돼 적정금리인 중립금리 또한 높아져 금리 인하가 지연될 수 있다.

이렇게 보면 미국은 경기 호황과 인플레이션 재발 우려로, 한국은 가계부채와 환율상승으로 인한 인플레이션 가능성으로 금리 인하 속도가 예상보다 느려질 공산이 크다. 정책당국은 고금리 지속으로 한국 경제가 위기에 노출되는 위험을 낮추기 위해 주택과 농산물 가격을 비롯한 생활물가를 안정시키고 신산업을 육성해 추가 금리 인하의 여건을 조성해야 한다. 인플레이션 재발을 막고 내수경기를 회복시키기 위해서는 통화당국의 올바른 추가 금리 인하 시기 선택이 중요하다. **E**

**부동산 시장 어떻게 움직일까**

# 변화의 큰 물결
# 내집 마련 기회가 온다

**이광수**
광수네복덕방 대표

기다려야 할 것은
때가 아니라 '기회'다.
막연하게 때를 기다리지 말고
기회를 잡아야 한다.
2025년 이후 한국 부동산,
내 집 마련할 기회를
찾을 수 있을까?
답은 yes다.

**시장 전망은 현재로부터 출발해야 한다.** 현재와 다른 미래는 없고 미래는 결국 현재가 원인이 돼 만들어진다. 저명한 경영학자 피터 드러커가 말했다. "미래는 이미 일어나고 있다(The future that has already happened)." 2025년 부동산 시장을 전망하기 위해서는 2024년 시장 분석이 출발점이 되어야 하는 이유다. 그렇다면 2024년 한국 부동산 시장에서는 어떤 일이 있었을까?

시장 분석을 시작하기 위해서 우선 가격을 보자. 한국 부동산원에서 발표하는 아파트 실거래가 지수를 보면 월별 누적 변동률로 2024년 1월부터 8월까지 서울은 7.6% 상승했지만, 지방은 0.6% 하락했다. 수도권은 4.9% 상승을 기록했다. 2024년 서울과 수도권 아파트의 가격은 올랐으나 지방은 가격이 내려갔다고 정리할 수 있다.

2024년에 서울 아파트 가격은 왜 상승했을까? 지방 아파트 가격이 하락한 원인은 무엇일까? 거래량을 파악하면 알 수 있는 이유다. 가격이 상승할 때 거래량이 증가했다면 수요 증가가 변동 원인이다.

서울 남산에서 바라본 아파트 단지 모습. [사진 연합뉴스]

가격 상승과 함께 거래량이 줄어들었다면 수요 감소가 이유다. 반면, 가격이 하락할 때 거래량이 늘어났다면 수요 감소, 반대로 거래량이 감소했다면 공급 증가가 가격을 변화시킨 원인이다.

서울의 경우 2024년 1월부터 9월까지 월 아파트 평균 거래량이 5206건으로 2023년 3037건과 비교해서 2169건 증가했다. 거래량이 증가했기 때문에 서울 아파트의 가격 상승 원인은 수요 증가로 해석할 수 있다. 지방 또한 2024년 아파트 거래량이 월평균 2만 2329건으로 2023년보다 1905건 증가했다. 지방 아파트 시장은 가격이 하락하면서 거래량이 증가했기 때문에 하락 원인은 공급 증가다. 공급이 늘어나면서 지방 아파트 가격이 내려갔다고 판단할 수 있다.

그렇다면 어떤 수요가 증가하고 어떤 공급이 늘어났을까? 부동산은 사용도 할 수 있고 투자도 가능한 독특한 자산이다. 따라서 수요가 실수요와 투자수요로 구분된다. 2024년 서울 아파트 시장에서 증가한 수요는 실수요였다. 무주택자와 갈아타기 수요가 증가했다. 주택담보대출이 증가했고 갭 투자 건수는 줄어들었기 때문에 실수요가 증가하면서 주택 가격이 상승했다고 판단할 수 있다. 지방에서는 매도 물량 때문에 아파트 공급이 증가했다. 단기 가격을 결정하는 주택공급은 건설회사들이 짓는 아파트의 양이 아니라 주택을 소유한 사람들이 시장에 팔려고 내놓는 매도 물량이다. 집을 보유한 사람들이 팔려고 매물을 많이 내놓으면 집값은 하락하고 반대로 매물을 거두어들이면 주택 가격은 상승할 수 있다.

2024년 서울 아파트 시장은 실수요자가 늘어나면서 가격이 상승했다. 지방은 집을 가지고 있는 사람들이 팔려고 내놓은 매도 물량이 늘어나면서 아파트 가격이 하락했다. 그렇다면 2025년 부동산 시장에는 어떤 변화가 일어날까?

## 2025년 수요 감소하며 공급은 증가하는 한 해

증가했던 실수요가 2025년에는 줄어들 것으로 예상된다. 가장 큰 이유는 유효수요 감소다. 부동산은 매수할 때 많은 자금이 필요한 자산이다. 따라서 살 수 있는 사람이 한정돼 있다. 사고 싶다고 모두 수요자가 될 수 없다. 서울 아파트를 사고 싶은 사람은 너무나 많았지만, 최근 아파트 가격은 하락했다. 유효 수요가 중요한 이유다.

2024년 서울 주택 구입 물량 지수를 계산하면 약 3.2로 추산된다. 이는 서울의 중간 소득 가구가 자기자본과 대출을 통해 서울 전체 아파트 중에서 3.2%에 해당하는 아파트를 구입할 수 있다는 뜻이다. 2023년 상승했던 지수가 아파트 가격이 오르면서 다시 하락했다. 지수 하락은 시장에 높은 가격의 아파트를 구입할 수 있는 유효수요가 감소했다는 것을 보여준다.

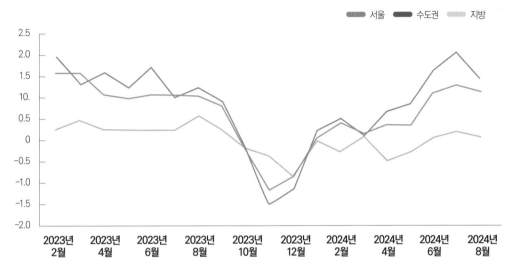

**서울, 수도권, 지방 아파트 실거래가격 지수 증감률** (단위:%)

서울　수도권　지방

※잠정변동률은 작성 시점까지 신고된 자료로만 산출한 잠정 결과이므로 모든 신고 자료가 취합된 시점에서 산출한 확정 결과와 차이가 발생할 수 있습니다.
※전세가격지수 및 전세평균가격은 확정일자를 기초로 신규계약 및 재계약시장이 통합되어 통계가 작성되었으므로 이용 시 유의하시기 바랍니다.
자료:한국부동산원, 광수네 복덕방

　　수요 감소는 이미 일어나고 있는 현상이다. 서울 아파트 거래량을 보면 2024년 8월부터 감소 추세를 보인다. 2024년 7월 9518건에 이르던 아파트 거래량이 8월 1909건 줄어들었고 9월 아파트 거래량은 4951건을 기록해서 7월 대비 4567건 감소했다. 서울 아파트 시장에서 가격이 상승하자 가격을 감당할 수 있는 유효수요가 감소하면서 거래량이 먼저 줄어들고 있다.

　　2025년 부동산 시장은 수요가 줄어드는 가운데 공급이 증가할 가능성이 높다고 판단한다. 즉, 매도 물량이 증가할 것이라는 뜻이다. 특히, 투자 목적으로 아파트를 보유하고 있는 소유자들의 매도 물량이 증가할 것으로 예측된다. 한국에서는 아파트를 투자로 보유하고 있으면 매도를 했을 때 투자수익이 대부분이 실현된다. 임대 수익률이 낮기 때문이다. 그렇다면 투자자들은 언제 아파트를 팔까?

　　투자자들은 집값 상승 기대감이 적어지면 아파트를 팔게 된다. 향후 집값 상승 가능성이 적은 상황에서 집을 보유할 이유가 없어지기 때문이다. 그렇다면 가격 상승 기대감은 언제 낮아질까? 수요가 감소할 때다. 수요 감소가 집값 상승 기대감을 낮추고, 아파트의 향후 가격 상승 가능성이 작다고 판단되면 매도 물량이 증가하게 된다. 수요 감소가 매도 물량 증가로 이어지는 이유다.

2024년 11월 9일 서울 아파트 매도 물량은 8만 9000호로 실수요가 줄어들기 시작한 8월 초와 비교해서 1만호 이상 아파트 매도 물량이 증가했다. 수요가 감소한 상태에서 매도 물량이 증가하면 아파트 가격은 어떻게 될까? 현재 지방 부동산 시장을 보면 답을 찾을 수 있다. 집을 사는 사람들이 줄어들고 파는 사람이 늘어나면 아파트 가격 하락은 불가피하다.

## 내 집 마련은 언제?

최근 부동산 시장에서 흥미로운 현상을 볼 수 있었다. 서울 아파트 가격이 크게 하락한 시기에 거래량이 많이 감소한 것이다. 아파트 가격이 하락한 2022년 3분기 이후 서울 아파트 거래량이 월간 1000건 미만을 기록하기도 했다. 아파트 가격이 내려가자, 사람들은 주택 매입을 연기했다. 반면, 아파트 가격이 다시 상승한 2024년 3분기에는 서울 아파트 거래량이 월간 9000건을 초과했다. 가격이 상승하자 사람들은 빚을 내서 집을 샀다. 가격이 하락하면 내 집 마련을 미루고 가격이 상승하면 주택 매입을 서두르는 이유는 무엇일까?

사람들은 아파트 가격이 내려가면 더 떨어질 것을 기대하고 가격이 상승하면 더 오를까 봐 불안해한다. 현명한 행동을 하지 못하는 이유다. 반대가 되어야 한다. 집값이 떨어질 때 내 집 마련에 나서야 하고 집값이 상승하면 변화를 기다려야 한다. 지금 한국 부동산 시장은 변화가 큰 상황이다. 가격이 오를 때가 아니라 하락할 때 내 집 마련을 해야 한다. 변동성이 큰 시장에서 취해야 할 내 집 마련 전략이다.

대부분의 사람은 내 집 마련을 할 때 가계 자산의 대부분을 사용하고 대출까지 일으킨다. 어쩌면 내 집 마련은 일생에서 가장 중요한 선택 중 하나일 수 있다. 불안한 마음으로 집을 사거나 막연한 기대로 내 집 마련을 미뤄서는 안 된다. 시장 변화를 읽고 자신에게 맞는 예산 계획을 구체적으로 세워야 한다.

현재 부동산 시장은 변동성이 큰 상황이다. 더욱더 신중한 선택이 필요하다. 2025년 부동산 시장은 수요가 감소하는 가운데 매도 물량이 늘어날 가능성이 크다. 그렇다면 수요 감소와 공급 증가로 주택 가격이 하락할 것이다. 가격이 하락하면 어떻게 해야 할까?

아파트 가격이 내려가면 사람들은 추가 하락을 예상하면서 수요를 더 줄인다. 부동산은 투자가치와 함께 사용 가치가 있는 자산이다. 가격이 하락하면 매수하려는 수요가 자연스럽게 늘어난다. 부동산 가격 하락이 지속되지 않는 이유다. 이런 시장 변화를 읽으면 최적의 내 집 마련 시점을 판단할 수 있다. 즉, 가격이 하락하거나 하락한 상황에서 수요가 늘어날 때 내 집 마련을 해야 한다. 매도 물량이 늘어난 가운데 집을 사려는 사람들이 추세적으로 증가하면 이후 가격 하락이 멈추고 다시 거래량이 늘어나면서 집값은 서서히 상승하게 된다.

기다려야 할 것은 때가 아니라 '기회'다. 막연하게 때를 기다리지 말고 기회를 잡아야 한다. 기회를 잡기 위해서는 시장 변화를 예의주시하고 구체적인 계획을 세우고 행동에 나서야 한다. 2025년 이후 한국 부동산, 내 집 마련할 기회를 찾을 수 있을까? 답은 yes다. **E**

# CHAPTER 4

# 한국 산업 전망

반도체 산업의 지형 재편될까

AI·로봇 상용화 어디까지

전기차, 악재 딛고 계속 달릴까

건설 업계, 부동산 PF 딛고 연착륙 가능할까

이커머스 업계 판도는 어떻게

배터리3사 글로벌 경쟁력 유지할 수 있나

항공 업계, 실적 회복 가능할까

비만치료제 '위고비' 다음은

은행들, 규제와 경쟁 속 방향성은

동학개미 떠나는 증권 업계 생존 전략은

# 메모리 1등 지키고
## 시스템 반도체 더 키워야

**김용석**
가천대 반도체대학 석좌교수

AI시대의 시작은
우리에게는 기회이다.
신제조업 경쟁에서 AI 반도체를
선점해야 우위를 점할 수 있다.
AI 응용은 모든 산업으로
확대해 나갈 것이다.
이 많은 분야에 필요한 시스템 반도체는
국내 팹리스 기업에도
큰 기회를 줄 수 있다.

2024년 10월 24일 서울 강남구 코엑스에서 열린 제26회 반도체 대전 SEDEX 2024 SK하이닉스 부스에서 AI 관련 영상이 나오고 있다. [사진 연합뉴스]

**반도체 산업은 4차 산업혁명의 핵심으로 반도체 기반의 첨단 기술은 민·군에게 모두 중요하며, 경제와 국가 안보에 큰 영향을 미친다.** 한국의 반도체 산업을 전망하는 데 있어서 우리나라를 둘러싸고 있는 반도체 환경을 두 가지 면에서 살펴볼 필요가 있다.

첫 번째는 미중 반도체 패권 전쟁이다. 미국은 코로나19 팬데믹을 거치면서 반도체 공급망의 중요성을 깨달았다. 또한 중국의 반도체 산업의 성장이 가파르며 이는 미국에 위협이 될 수 있다고 판단했다. 미국은 자국 내 반도체 직접 생산을 통한 글로벌 반도체 공급망의 새로운 질서를 만들려 하고 있다.

두 번째는 인공지능(AI)시대가 본격적으로 시작되고 있다는 점이다. 지금은 AI 시대다. 2022년 생성형 AI 붐을 일으킨 챗GPT는 사람에게 더 가까워지고 대화를 나눌 수 있는 상대가 됐다는 데 의의가 있다.

그런데 챗GPT가 똑똑해지려면 방대한 양의 데이터를 학습해야 하므로 많은 연산량과 고속 데이터

처리 속도가 필수적이다. 그래서 뛰어난 성능과 연산 방식을 뛰어넘는 반도체가 필요하다. 따라서 AI 향 시스템 반도체 시장이 커지고 있는데, 이와는 별도로 큰 흐름이 메모리 시장에도 나타났다. 그동안은 기성복처럼 공장에서 대량으로 만들어 내던 D램이 AI 시대에 맞춰 맞춤복 형태로 바뀌고 있다는 점이다. 바로 고객 맞춤형 메모리인 고대역폭 초고속 메모리(HBM: High Bandwidth Memory)의 출현이다. 따라서 2025년 특히 반도체 산업에서의 주요 관심사는 AI가 될 것이다.

그런데 한국의 반도체 산업에 놓여 있는 위협요인이 크게 두 가지가 있다. 미국의 자국 우선주의와 미국 제재에도 불구하고 무섭게 발전하고 있는 중국 반도체 산업이다. 중국의 반격이 만만치 않을 전망이다. 중국은 많은 어려움 속에서도 파운드리, 메모리 산업 모두 앞으로 나아가고 있다. 이에 맞추어 미국은 자국 이익을 위한 세부적인 산업·통상 전략을 강력하게 추진할 가능성이 높아지고 있다. 한국 반도체 산업의 앞길은 험난할 수밖에 없다.

## 세계 1위 메모리 반도체 지위 흔들려

스마트폰과 PC 시장이 침체하면서 범용 메모리 주문이 줄고 재고가 쌓이고 있다. 여기에다 중국 양쯔메모리(YMTC)의 플래시 메모리, 창신메모리(CXMT) D램은 중국 정부의 보조금 등에 힘입어 구형 칩 생산에 충분한 경쟁력을 갖고 있다는 평가를 받고 있다. YMTC는 스마트폰이나 노트북에 쓰이는 저전력 D램인 LPDDR4X와 PC용 DDR4 등 한국 기업의 주력 D램을 잠식하고 있다. 그동안 국내 반도체 기업의 메모리를 전량 수입하던 중국 전자업체가 자국 회사의 반도체를 쓰기 시작해서 매우 걱정스러운 상황이다.

경제와 외교의 버팀목인 메모리 제조 역량이 흔들릴 수도 있다. 세계 1등의 한국 메모리는 위협받고 있다. 다행스럽게도 AI 열풍 속에 고대역폭 메모리(HBM)가 한국 반도체를 이끌고 있다. 특히, SK하이닉스는 HBM 주도권을 쥐고 있다. 삼성전자도 HBM 개발에 속도를 내고 있어 한국 기업 간 경쟁이 더욱 치열해질 전망이다. 작년 HBM 시장점유율은 SK하이닉스 53%, 삼성전자 38%, 미국 마이크론 9% 순이었다.

시스템 반도체 시장을 보면 상황이 더욱 심각하다. 파운드리에서 2024년 2분기 삼성은 11.7%, TSMC 56.4%를 기록했다. 삼성전자가 파운드리 시장 2위 업체이긴 하지만 1위 업체 TSMC와의 점유율 격차가 매우 크다. TSMC는 삼성전자의 추격이 지지부진한 사이 지배력을 보다 공고히 했다. 시스템 반도체 설계를 전문으로 하는 팹리스는 더욱 심각하다. 2023년 글로벌 팹리스 기업 10위에는 한국 기업이 단 한 곳도 없었다. 2023년 한국 기업들의 팹리스 글로벌 시장 점유율도 1% 수준에 불과했다. 반면, 팹리스 글로벌 상위 3개 기업(퀄컴, 브로드컴, 엔비디아)은 모두 미국 기업이었다. 한국과 비교해 중국 반도체 산업 경쟁력이 더 뛰어난 분야를 한 가지만 꼽는다면 단연 팹리스이다. 양적이나 질적인 면에서 우리나라를 압도한다. 중국 팹리스 기업은 2800여 개로 한국(약 130개)의 20배가 넘는다.

## 시스템 반도체 부문 더 키워야

메모리 1등은 지키고, 시스템 반도체 부문은 더욱 키워야 한다. AI 시대의 새로운 시작은 우리에게는 기회이다. 매우 열세인 시스템 반도체 분야를 키울 수 있는 기회이기도 하다. 팹리스(설계)와 파운드리(제조) 두 축을 어떻게 동시에 성장시켜야 할 것인지가 중요한 과제이다. 당장은 삼성전자의 역할이 매우 중요하다. 삼성전자의 GAA 3나노·2나노 수율 안정화, GAA공정을 통한 엑시노스 AP 양산 등이 선결 과제이다.

바야흐로 AI 시대가 개화하고 있다. 한국 반도체 산업의 큰 방향은 이제 막 시작된 AI 시대에 대응하는 것이다. 표준화된 규격에 대량으로 생산했던 메모리는 이제 시스템(세트) 고객이 원하는 맞춤형으로 바뀌고 있다. 방향은 명확하다. AI향 시스템 반도체, HBM을 주축으로 한 AI향 맞춤형 메모리 개발에 총력을 기울여야 한다.

중국의 메모리 분야 추격에 대응하기 위해 고부가 가치 부문에서 먼저 치고 나가야 한다. 따라서 6세대 고대역폭 메모리(HBM)인 HBM4와 컴퓨트익스프레스링크(CXL) 개발이 매우 중요하다. HBM과 eSSD(Enterprise Solid State Drive), LPDDR5 등 고부가 가치향 개발 전략이 필요하다.

서버향 AI 반도체는 2025년에도 엔비디아의 질주가 예상된다. 향후 AI 시장이 학습모델에서 추론모델로 넘어가면서 추론용 AI칩의 수요가 늘어나게 될 것으로 보이고, 국내 퓨리오사, 리벨리온 같은 AI 반도체 기업들에도 비즈니스 기회가 있을 것이다.

국내 팹리스가 좀 더 힘을 모아야 하는 것은 전자제품, 스마트폰, 자동차 등 개별 기기에 특화된 온디바이스 AI 반도체 개발이다. 우리의 강점인 제조업이 있고, AI 반도체를 활용할 시장도 있기 때문이다. AI 시대의 새로운 시작은 우리에게는 기회이다. 신제조업 경쟁에서 AI 반도체를 선점해야 우위를 점할 수 있다. AI의 응용은 스마트폰, PC, TV를 시작으로 스마트홈/스마트시티, 스마트팩토리, 자율주행차 등 모든 산업으로 확대해 나갈 것이다. 이 많은 분야에 필요한 시스템 반도체는 국내 팹리스 기업에도 큰 기회를 줄 수 있다.

천안 반도체 패키지 사업장 방문한 이재용 삼성전자 회장. [사진 연합뉴스]

　기업은 늘 전쟁을 치르고 있다. 인력 양성은 반도체 사업을 성공하게 하기 위해서 매우 중요하고 시급하다. 대학 학부 4년만으로는 기업이 요구하는 기술 수준을 충족할 순 없다. 석·박사급 전문인력을 키워야 하는데, 석사 인력 육성을 위한 방안으로는 5년짜리 학석 과정(학사+석사)을 강화하는 것이 좋은 방법이 될 것이다. 그리고 5년 전체를 놓고 시스템 설계부터 시작해 반도체 구현을 해서 칩을 직접 만들어 보고, 칩 테스트까지의 실전 프로젝트를 거치도록 해야 한다. 커리큘럼도 프로젝트에 기반을 두고 실습을 강화하는 내용으로 만들어야 한다. 그래야 당장 기업이 활용할 수 있는 인재를 길러낼 수 있다.

　반도체 분야별로 전문대학원을 별도로 두는 것도 필요하다. 예를 들면, 반도체 설계 인력을 위한 아키텍트 대학원, 소자 및 공정 인력을 위한 공정 대학원, 패키징 전문인력을 키우기 위한 패키징 대학원이 반도체 전문대학원에 해당한다. 커리큘럼도 프로젝트에 기반을 두고 실습을 강화하는 내용으로 만들어야 한다. 그래야 당장 기업이 활용할 수 있는 인재를 길러낼 수 있다.

　메모리 세계 1등 신화 등 과거의 영광을 잊고 1980년대 반도체를 처음 시작할 때의 자세로 돌아가 새롭게 시작해야 한다. 위기의식을 가져야 하고, 절박감에서 추진 방안을 마련하고 실천해야 한다. ⓔ

**AI·로봇 상용화 어디까지**

# AI 발전으로 로봇 능력 향상
## 보안 노출 우려도 커져

**이경준**
한국로봇산업협회 국장

로봇은 점차
스스로 환경을 분석하고,
최적의 행동 방식을 선택하여
수행하는 능력을 갖추게 될 것이다.
더 나아가, 로봇이 인간과 협업하여
변화하는 다양한 작업 환경에서
창의적인 문제 해결을 지원하는
단계에 이르게 되면,
인간의 역량과 AI 로봇의 능력이 결합된
새로운 제조 생태계 탄생이
기대된다.

현대 모터스튜디오 하남에서 진행 중인 보스턴 다이내믹스의 4족 보행 로봇 '스팟'과의 사진 촬영 이벤트. [사진 현대차그룹]

**제47대 미국 대통령 도널드 트럼프 경호에 현대자동차의 로봇개 '스팟'이 투입돼 화제다.** 투입된 로봇개는 기존 경비용 CCTV의 사각지대 순찰도 가능하고 문제상황이 발생 시 현장에 빨리 접근해서 상황을 파악하거나 침입자를 상대로 경고도 할 수 있다.

어디 이뿐인가. 미국, 중국을 중심으로 하루가 멀다하고 새로운 작업 능력을 탑재한 휴머노이드가 외신을 통해 소개되고 있다. 미국·독일·중국의 자동차 제조현장에 휴머노이드를 도입하거나 도입 예정이라는 보도까지 나온다. 걷거나 뛰는 시연을 보여주었던 기존 휴머노이드와 달리 최근에 공개되고 있는 휴머노이드는 불특정한 환경에서의 작업 능력을 보유한 범용 휴머노이드다.

현재 공개된 로봇개와 휴머노이드 기술의 공통점은 인공지능(AI)과 로봇의 융합이다. 최근 몇 년간 AI 기술의 비약적인 발전은 로봇의 자율성과 응용 범위를 급격히 확장하고 있다. AI·로봇 기술은 더 이상 미래의 이야기가 아니라 현재 우리 일상과 산업과의 본격적인 공생을 예고하고 있다. 이러한 흐름 속에서 국내 AI·로봇 산업은 어디까지 왔고, 앞으로 어떤 모습으로 발전할 것인지 살펴보는 것은 의미 있는 작업이다.

최근 주목받고 있는 것은 '협동 로봇'과 '휴머노이드 로봇'의 발전이다. 협동 로봇은 사람과 상호 작용하며 작업하는 형태의 로봇이다. 로봇이 작업하도록 교육하는데 시간이 많이 소요되는 중대형 제조업용 로봇과 달리 유연한 작업 환경이 가능하다. 이에 따라 중소기업의 생산성 향상에도 기여하고 있다.

협동 로봇은 AI 기반 비전 시스템을 통해 작업 환경을 인식하고, 사람의 동작에 반응할 수 있는 능력을 보유할 수 있다. 최근에는 로봇이 스스로 학습하여 작업 방식을 개선하는 강화학습 알고리즘이 적용되면서, 협동 로봇의 효율성과 안전성이 더욱 향상되고 있다.

AI와 융합된 협동 로봇은 제조업용 로봇과 서비스용 로봇의 경계를 허물고 식음료 로봇, 조리 로봇, 건설 로봇, 농업용 로봇 등 다양한 작업 환경에서 상용화되는 추세다. 국내에서는 두산로보틱스, 한화로보틱스, 레인보우로보틱스, 뉴로메카 등 다수의 기업이 협동 로봇 사업을 영위하고, 로봇 설루션 영역을 확대하고 있다.

휴머노이드 로봇의 경우, 사람과 같은 형태를 가지고 있다. 인간에게 맞춰진 업무환경, 생활환경에서 환경을 변경하지 않더라도 원하는 작업을 수행할 수 있다는 장점이 있다. 휴머노이드는 다양한 감정 표현 및 자연스러운 대화가 가능한 AI 시스템이 통합된 형태로 발전하고 있는데, 인간이 작업하는 복잡한 작업 환경에서 로봇이 카메라와 마이크로 보고 듣고 학습하며 다양한 작업을 할 수 있는 형태로 진화하고 있다. AI 소프트웨어 기술이 장착된 로봇이 아니라 AI가 체화된 임바디드 AI 휴머노이드가 등장한 것이다.

앞으로 로봇은 작업 지시자의 음성·제스처·작업 현장의 환경 등과 상호 작용하며 신입 노동자가 숙련된 노동자로 진화하듯 성장하는 작업 능력을 보여줄 것으로 보인다. 국내에서는 현대자동차, 레인보우로보틱스, 로보티즈, 에이로봇 등 수준급 작업 능력을 보유한 휴머노이드 기업들이 다수 있다.

## 물류·이동 서비스 분야에서 괄목 성장

한국의 로봇 산업은 자율주행 기술과의 결합을 통해 물류와 이동 서비스 분야에서도 괄목할 만한 성장을 이루고 있다. 예를 들어, 자율주행 로봇은 물류 창고 내에서 물건을 자동으로 운반하거나, 실외에서 배달 로봇으로 활용되어 물류의 효율성을 극대화하고 있다. 이러한 기술은 국내 여러 스타트업과 대기업이 활발히 연구개발을 진행 중이며, 실제 상용화를 통해 도시 내 물류 시스템에 혁신적인 변화를 가져올 것으로 기대되고 있다.

최근에는 드론과 결합된 자율주행 로봇이 개발돼 접근이 어려운 지역에서도 원활한 물류 서비스를 제공할 수 있는 가능성이 열리고 있다. 이로 인해 물류 산업 전반에 걸쳐 비용 절감과 효율성 증대가 이루어지고 있으며, 새로운 비즈니스 모델이 속속 등장하고 있다. 대표적인 기업으로는 LG전자, 우아한 형제들, 로보티즈, 뉴빌리티 등이 있으며 신규 스타트업의 진입도 계속되고 있다.

의료 분야에서도 AI와 로봇 기술의 융합은 계속해서 발전하고 있다. 미국의 로봇기업의 독점적인 우위가 있었던 정밀 수술 로봇 영역에서 큐렉소, 미래컴퍼니, 고영테크놀로지 등 국내 기업의 약진이 계속되고 있다.

수술 로봇은 수술의 정확도와 안전성을 높이고 환자의 회복 속도도 높일 수 있는 장점이 있다. 웨어러블 로봇 같은 AI 기반 재활 로봇, 근력증강 로봇도 개발돼 환자의 재활 훈련을 지원하고 맞춤형 치료

현대자동차그룹 싱가포르 글로벌 혁신센터(HMGICS)에서 보스턴 다이내믹스 '스팟'이 조립 품질을 점검하는 모습. [사진 현대자동차그룹]

를 제공하고, 근력이 부족한 사람들에게 일상으로의 복귀를 도와주고 있다.

국내 대표적인 웨어러블 로봇 기업으로는 현대로템, 현대자동차, 엔젤로보틱스, 코스모로보틱스, 위로보틱스 등이 있다. 웨어러블 로봇은 환자와 고령자의 빠른 회복과 삶의 질 향상에 크게 기여할 것으로 기대되고 있다.

향후 AI·로봇 산업의 전망은 매우 밝다. 우선, 국내 5G와 6G 통신 기술의 발전은 로봇의 실시간 제어와 원격 작업 수행을 가능하게 하여 더욱 복잡하고 다양한 환경에서 로봇이 활용될 수 있도록 도울 것이다.

원격 의료 로봇이나 재난 구조 로봇과 같은 고난이도 작업에서의 활용도도 높아질 것으로 기대되고 있다. 원격 조종을 통해 화재 현장에서의 소방 작업이나 방사능 노출 지역에서의 탐사 작업을 수행할 수 있는 로봇이 개발되고 있으며, 원격 제어 기술은 심해·우주·원자력 시설 등 사람의 투입이 쉽지 않은 극한 환경에서도 작업을 용이하게 하고 있다.

AI 기술의 진화로 온디바이스 AI 로봇의 확산도 기대되고 있다. 다만 네트워크 기반 로봇의 경우 통신지연, 보안 등의 이슈가 있는 상황이기 때문에 로봇의 기능이 늘어날수록 네트워크 부하 및 보안에 대한 노출이 우려가 될 수 있다.

온디바이스 AI와 융합된 로봇은 로봇 자체에 탑재된 AI로 어느 정도의 자율성을 가지기 때문에 저지연·향상된 보안·유연성 등의 장점을 지니게 된다. 앞으로 AI 기술의 지속적인 발전으로 인해 로봇이 보다 인간과 유사한 수준의 의사 결정을 하거나 복잡한 문제를 해결할 수 있는 능력이 향상될 것이다.

로봇은 점차 스스로 환경을 분석하고, 최적의 행동 방식을 선택하여 수행하는 능력을 갖추게 될 것이다. 더 나아가 로봇이 인간과 협업하여 변화하는 다양한 작업 환경에서 창의적인 문제 해결을 지원하는 단계에 이르게 되면, 인간의 역량과 AI 로봇의 능력이 결합된 새로운 제조 생태계 탄생이 기대된다. ▣

**전기차, 악재 딛고 계속 달릴까**

## 전기차 시장
# 침체 몇 년간 지속될 것

**조철**
한국산업연구원 선임연구위원

탄소 중립 연료를 사용한
내연기관 자동차의 존속 등도
논의되고 있지만,
이것이 대세일 수는 없고,
현재 상황에서
가장 현실적 대안은 전기차다.
그리고 전기차로의 전환이 이미
세계 전체에서 19%를 넘어선
지금 돌이키기도 쉽지 않은
상황이 되었다.

**통계적으로 전기차라고 할 때, 배터리 전기차(BEV)뿐만 아니라 플러그인 하이브리드자동차(PHEV)도 포함한다.** 2023년 세계 전기차 판매는 35%가 늘어 그리 낮은 증가율은 아니었지만, 2020년 43%, 2021년 109%, 2022년 55% 등에 비하면 낮았다. 더욱이 일반적으로 전기차로 인식하고 있는 배터리 전기차(BEV)의 증가세가 크게 낮아져 전기차 판매가 정체기에 접어든 것이 아닌가 하는 우려가 나오기 시작했다.

2023년 전기차 중 배터리 전기차 판매는 29% 증가하여 50% 성장한 플러그인 하이브리드차에 비해 크게 낮아서 전기차에서 배터리 전기차가 차지하는 비중도 2022년 73%에서 70%로 됐다. 2024년 들어서는 배터리 전기차를 중심으로 전기차 판매 성장세가 더 위축되고 있다. 2024년 전체 전기차 판매 증가율은 16%에 머물러 2023년에 비해서도 크게 낮아진 수준이다. 특히 배터리 전기차 판매 증가율은 10%에도 미치지 못할 것으로 보고 있다.

이러한 전기차의 증가세도 세계 수요의 50% 이상을 차지하는 중국이 주도하고 있는 것으로 나타났다. 배터리 전기차의 경우 2024년 9월까지 전체 자동차 판매에서 24.7%나 차지하며, 전년 대비 증가율은 14.2%로 세계 전체 증가율을 상회했고, 플러그인 하이브리드차 판매 증가율은 84.5%로 폭발적인 증가세를 기록 중이다. 이에 따라 중국 자동차 판매 중 전기차 비중은 42.8%를 기록하고 있다. 반면, 전체 자동차 판매에서 전기차 비중이 20%를 상회하고 있는 서유럽 국가들은 2024년 들어서 전기차 판매가 감소세로 전환하였다. 배터리 전기차는 6.2%가 감소했고, 플러그인 하이브리드차는 0.6%가 줄었다. 2024년 1~9월 미국의 전기차 판매 비중은 9.4%로 아직 10%를 넘지 못하고 있고, 인플레이션감축법(IRA)에 의한 대규모 보조금 지원이 이루어지고 있지만, 판매 증가세는 그리 높지 못했다. 배터리 전기차의 판매 증가율은 17.9%로 전체 증가세에 비해서는 높지만, 전기차 보급 수준을 고려하면 높은 수준이 아니었고, 플러그인 하이브리드차는 4.4% 증가한 데 그쳤다. 미국 전기차 시장이 기대한 만큼 성장하지 못하고 있고, 2030년 50% 이상, 2032년 67%의 전기차 판매라는 목표 달성이 쉽지 않을 것이라고 보는 이유다. 우리나라도 작년에 전기차 판매가 거의 증가하지 못한 데 이어 2024년(1~9월)에도 4.4%가 줄었다.

하이브리드자동차 위주 시장인 일본을 제외하면 선진국 시장으로는 가장 전기차 보급이 늦어 미국은 시장 잠재력이 매우 높고, 향후 세계 전기차 시장을 선도할 것으로 생각됐다. 그러나 최근 예상보다 전기차 판매 성장세가 높지 않고, 트럼프의 컴백으로 전기차 판매에 제동이 걸릴 전망이다.

## 트럼프 재등장하지만…탄소 중립 포기 어려워

트럼프는 선거 기간 중 줄곧 전기차 판매 보조금을 규정한 IRA의 폐지를 주장해 왔고, 당선된 후 바로 IRA 전기차 보조금 폐지를 들고 나왔다. 아직 확정되지는 않았지만, 전기차 보조금이 축소되거나 폐지될 가능성이 매우 높은 상황이다.

전반적으로 전기차 판매 증가세가 위축되고 있는 상황에서 보조금마저 줄거나 없어진다면 미국의 전기차 판매는 감소할 가능성도 존재한다. 전기차 판매에 영향을 미치는 정책 중 하나가 환경정책인데, 대표적으로 자동차 판매 기업 평균 연비 규제(CAFE)를 들 수 있다. 오바마 정부 때 이 규정을 강화하였는데, 트럼프 1기 때 이를 완화했고, 바이든 정부가 다시 강화하였지만, 트럼프가 재집권하면서 다시 이 규제가 폐지되거나 완화될 운명에 놓여있다.

기존 연비 규제를 맞추기 위해서는 기업들은 전기차 판매를 늘려야 하지만, 이 규제가 폐지되거나 완화되면 이 부담이 줄어들게 되는 것이다. 또한 트럼프의 주요 정책 중 하나가 에너지 정책인데, 화석연료의 개발이 재개되고, 화석연료 가격이 하락하게 되면 소비자 측면에서도 전기차보다 내연기관 자동차를 더 선호하게 될 것이다. 결국 트럼프의 정책 변화로 소비자는 전기차를 선택할 이유가 없어지고, 자동차업체는 전기차로의 전환을 서둘 필요가 적어지는 것이다.

트럼프의 등장에 따른 미국 전기차 시장의 위축 전망은 글로벌 전기차 시장에도 영향을 줄 것이다. 서유럽 시장은 이미 전기차 판매 정체기에 접어들었고, 중국도 플러그인 하이브리드차는 모르겠지만, 배터리 전기차의 성장세도 다소 위축되고 있다. 현재 인도, 인도네시아, 브라질, 튀르키예 등 후발국들의 전기차 시장이 빠르게 성장하고 있지만, 미국을 중심으로 전기차 시장이 위축되면, 이들 후발국 시장의 성장세도 다소 위축될 가능성이 높다. 이에 따라 2025년부터 향후 몇 년간은 전기차 시장의 침체 및 성장 둔화가 본격화할 것이다.

트럼프의 등장으로 미국에서 다소 후퇴하는 양상을 보이겠지만, 세계 전체로는 기후 변화 등으로 인해 탄소 중립을 포기할 수는 없을 것이다. 탄소 중립 연료를 사용한 내연기관 자동차의 존속 등도 논의되고 있지만, 이것이 대세일 수는 없고, 현재 상황에서 가장 현실적 대안은 전기차다. 그리고 전기차로의 전환이 이미 세계 전체에서 19%를 넘어선 지금 돌이키기도 쉽지 않은 상황이 되었다. 그렇다면 언제 다시 전기차 판매가 제 궤도에 오를 수 있을 것인가가 관건이다.

문제는 가격이다. 더 정확히 표현하자면, 보조금 없이 내연기관 자동차와의 경쟁이다. 현재 중국은 보급률이 높고, 보조금이 폐지된 상황에서도 전기차 판매가 여전히 높은 성장세를 기록하고 있다. 이는 중국 전기차의 평균 가격이 이미 내연기관 자동차보다 싸졌기 때문으로 해석할 수 있다.

현재 후발국 시장에서 전기차 판매가 예상보다 빠르게 증가하고 있다. 태국만 하더라도 2023년 전체 자동차 판매에서 전기차가 차지하는 비중이 9%를 넘어섰다. 이들 후발국 시장에서 전기차 판매가 빠르게 성장하는 것은 중국의 값싼 전기차가 빠르게 침투하고 있기 때문이다. 현재 미국이나 EU 시장은 중국 전기차에 대해 각종 무역 장벽을 통해 견제하고 있어 값싼 가격으로 침투하기가 어렵다.

이에 따라 이들 시장에서는 자국 및 중국 이외 지역에서 생산된 전기차의 가격이 하락하게 되면, 판매 증가세가 정상 궤도로 돌아오게 될 것이다. 전기차 가격은 배터리 가격이 좌우하는데, 골드만 삭스에 따르면, 2023년 현재 149달러(kWh)인 배터리 가격은 2026년 82달러로 하락하여 전기차 가격이 내연기관 자동차와 비슷해질 것으로 보고 있다. 2030년에는 배터리 가격이 64달러가 돼 전기차 가격이 내연기관 자동차보다 더 싸질 수도 있다고 전망했다.

전기차의 가격은 절대적으로 배터리 셀만의 문제는 아니고, 팩 제조나 각종 전기장치(모터 등 전동장치)의 비용도 비교적 큰 비중을 차지한다. 자동차업체로서는 이러한 비용을 낮추어 전기차의 가격을 낮추는 것이 당면 과제인 것이다. **E**

# 부동산PF발 위기론 과도
# 시장변화에 따른 업계 재편 지속

**이은형**
대한건설정책연구원 연구위원

건설산업의
위기론으로까지 확대되면서
관련 업계에서는
더욱 많은 지원을 요구하지만,
공공부문은
우량 사업장을 중심으로
선별지원한다는 입장을
고수하고 있다.

**부동산프로젝트파이낸싱(PF)에 대한 관심은 2025년에도 지속될 전망이다.** 그간 건설산업의 위기론으로까지 확대되면서 관련 업계에서는 더욱 많은 지원을 요구하지만, 공공부문은 우량 사업장을 중심으로 선별지원한다는 입장을 고수하고 있다. 기준금리의 추가 인하 같은 외부 요인은 긍정적이지만 단기에 업황이 전환될 정도는 아니다. 이에 업계 현황과 지원 정책에 대한 주요 내용을 살펴보면 다음과 같다.

## 부동산PF는 건설경기 악화와 동일선상

빅스텝과 자이언트 스텝이라는 표현이 뒤따랐던 2022년 미국 연방준비제도(Fed·연준)의 기준금리 급등을 기점으로 국내 건설사들이 관여된 부동산PF가 위기의 뇌관으로 부각됐다. 기본적으로 PF는 각 개발사안의 미래가치에 근거해 돈을 차입하는 것이기에 아파트나 오피스텔, 기타 상업용 부동산 등의 최종분양이나 임대가 실패한다면 해당 PF에 투입된 자금의 회수가 문제시된다. 금융기관 등의 입장에서는 투자금이나 대출금을, 사업자 쪽에서는 차입금을 뜻한다.

건설사의 기본적인 역할은 건설공사의 시공이지만, 우리가 흔히 볼 수 있는 아파트만 하더라도 정비사업 등에서 건설사가 신용공여를 하는 경우가 있어 동일한 우려의 범주에 포함된다. 만약 단순히 책임준공의 수준을 넘어 건설사가 적극적으로 시행사의 역할이나 채무인수까지 맡았다면 상황이 악화될 수 있다. 국내 건설시장에서는 주택 부문이 차지하는 비중이 상당하기에 특히 지방을 중심으로 누적되는 미분양이 세간의 우려를 가속화한다.

미분양이란 측면에서 본다면 중견이나 지역 건설사들은 더욱 불리한 여건에 처한다. 지방에서도 대기업 브랜드에 대한 선호가 있기에 아무래도 이들이 맡는 아파트 현장의 상품성이 상대적으로 뒤처지기 때문이다. 만약 이들이 더욱 큰 수익을 노리고 분양사업을 자체시행하다가 경기불황이나 수요예측 실패에 직면하면 문제가 커진다. 종종 언급되는 지방 중견사들의 부도 사례가 예시이다. 다만 이것은 유별난 일이 아니라 시장예측과 사업성분석 같은 개별 기업의 경영판단에 따른 결과이므로 건설업계 전체로 일반화해서 확대해석 하는 것은 지양해야 한다.

극단적인 상황까지 내몰리지 않았다면, 주요 건설사들의 변함없는 고민은 기존 수주물량의 실행률, 시장 불확실성이 존재하는 현 상황에서의 추가수주에 대한 결정이라고 할 수 있다. 기업은 가만히만 있더라도 운전자본이 소요된다는 점을 감안하면 이해가 쉽다.

이런 시기에 건설사들이 취할 수 있는 최적의 선택은 보수적으로 돌아가는 것이다. 사업성을 최우선으로 삼아 필요하다면 감원까지 포함한 위기경영으로 스탠스를 변경한다. 메이저 업체일수록 이런 판단이 원활하고 실행 가능하며, 이미 2024년 2008년의 서브프라임 이후로 2010년대 중반까지 경험했던 사안이기도 하다. 호황기와 불황기가 장기간 반복되지만 그 변곡점을 제대로 예상한 적이 없는 건설산업 전망의 한계도 유의해야 한다.

## 미분양은 과도기의 일시적 문제

지금의 미분양은 사업취소나 보류를 택하기 어려운 사업장들이 피치 못하게 어쨌든 분양단계로 진입한 것, 즉 지난 호황기에 시작된 주택분양 사업 건들의 문제가 가시화된 것이다. 구체적으로는 동일 사업이라도 대충 짓기만 하면 팔리던 시기의 상품성과 달리 사업성이 악화되었거나, 지역수요가 충분치 못하거나, 해당 지역에 공급물량이 많은 지역을 중심으로 미분양이 늘어난다. 이는 시장이 호황이었다면 민간기업의 수익이 되는 사안이기에 정부에 책임을 묻는 것은 적절치 않다. 특히 주택시장이 가장 좋았던 때를 기준으로 삼아 그만큼의 수준이 유지되도록 정부가 개입해야 한다는 식의 주장이라면 더욱 그렇다.

미분양 증감은 꾸준한 이슈로 남겠으나 이들 물량은 지난 수 년 동안 추진된 사업들임을 주의해야 한다. 지금처럼 시장이 안 좋을 때는 새로이 분양을 계획하고 추진되는 사업들이 감소하므로, 미분양 이슈는 시장상황이 바뀌는 일종의 과도기에 나타난 사안으로 봐야 한다. 이는 향후 몇 년 뒤의 분양 및 입주물량 감소로 이어지므로 일각에서는 공급부족에 따른 집값 상승까지도 주장하지만, 해당 물량감소는 어디까지나 신축아파트에 한정된다는 점을 간과해서는 안 된다.

## 부각되는 건설산업 위기론

국내 건설시장에서는 주택건설의 비중이 절대적이기에 부동산PF의 침체가 건설산업의 불황과 동일시되기도 한다. 이를 단적으로 보여준 것이 2024년 상반기의 '4월 위기설'로서 주요 내용은 부동산 경기 침체 등에 따른 건설사들의 연쇄부도가 벌어지고 이들과 PF대출로 연계된 금융권으로 위험이 전이돼 폭발하는 시기가 4월이라는 것이었다. 한동안 관리 가능한 수준이라는 정부 의견과 폐업 건수나 연체율 등을 근거로 위험하다는 주장이 병존했지만 실현되지는 않았다. 누구나 알고 예견된 위기의 현실화 가능성은 낮다.

건설업황이 좋지 않은 것은 맞지만 동시에 국내시장에서 건설업체의 수가 많다는 지적도 사실이므로, 일부 건설사의 폐업 등을 건설산업의 위기나 붕괴로 연결하는 것은 불충분하다. 조선업처럼 몇 안 되는 대형업체의 사업철수가 해당 산업분야에 막대한 영향을 미치는 것과는 산업구조부터가 다르다. 이런 차이가 있어 중소·중견 업체의 일부 폐업 등이 시장에 미치는 영향은 한정적일 것으로 봐야 한다.

따라서 일부 건설사들의 문제를 섣불리 업계 전체에 대한 위기로 확대해석 하는 것은 경계할 필요가 있다. 호황이었던 시장의 분위기가 예상치 못한 수준으로 급변하면, 시장규모도 그에 맞춰 축소되는 것이 자연스럽다. 굳이 과거의 수치를 기준으로 삼아 건설업의 수주규모 등이 감소하거나 침체하면 안 된다는 식의 논리는 설득력이 떨어진다.

## 시장변화에 따른 자연스러운 업계 재편

건설업을 단순화하면 기업과 소비자 간 거래(B2C)와 기업 간 거래(B2B) 산업의 속성을 모두 가진다. 개인이 청약 신청하는 분양아파트 같은 주택과 공공발주공사인 인프라 시설을 생각하면 이해가 쉬울 것이다. 그런데 양쪽 모두 최종수요에 의해 시장규모가 결정되므로 단순히 공급 측면을 자극해서 최종수요가 늘어나기는 어렵다. 건설업의 부흥이나 활성화 같은 인위적인 시도가 쉽지 않은 이유이기도 하다. 사실상 내수산업이므로 해외건설이 국내 업황에 미치는 영향도 제한적이다.

2024년 4월 위기설도 업계 최상위 기업들이 아닌 중소·중견사들을 주로 다뤘다는 점에서 건설산업 전체가 위기에 빠졌다기보다는, 시장상황이 좋았을 때 방만·무리·적극·공격적인 경영방침을 취했던 기업들을 위험군으로 지적했다고 보는 것이 타당하다. 워크아웃 이슈의 중심에 섰던 T사의 사례를 봐도 '시행을 맡은 사업장'이 가장 치명적이고 그에 더해 '책임준공'이 걸린 사업장들이 위험요인으로 작용했다.

그런데 건설업은 본래 등락이 있는 산업으로서 영원한 호황도 없고 영원한 불황도 존재하지 않는다. 경기불황으로 건설업이 침체되던 시기마다 일부 업체들이 시장에서 뒤처지면, 남은 회사들이 시장을 재편하거나 기존의 우세를 유지해 왔다. 간혹 일부 대기업이 무너졌을 때도 양상은 동일했다. 국내의 건설업은 공공주도의 독과점사업보다는 민간경쟁사업의 성격이 크다는 점을 감안하면 자연스러운 결과이다. 그렇기에 이번 시기에도 극단적인 위기론이 부각될 필요는 없다. 시행사 등 부동산PF에 연관된 분야도 동일하다.

## 정부의 지원 방침은 우량 사업장에 집중

공공부문의 지원은 기본적으로 우량기업과 우량 사업장으로 집중된다. 즉 미국 기준금리 급등처럼 예상 못한 시장충격이 없었다면 사업성이 충분했을 사업장들을 중심으로 지원된다. 여기에 규모나 상징성이 큰, 달리 표현하면 사회적인 여파가 적지 않게 예상되는 사업장이 더해진다. 지금은 이 정도를 지원하고 나머지는 시장에 맡기는 것이 현실적인 방안이다. 앞서 살펴본 것처럼 일부 업체의 부진이나 시장의 재편을 건설업계의 큰 문제로 단정할 필요는 없다. 지금의 상황도 우리 사회가 처음 겪는 것은 아니다.

PF는 기본적으로 돈을 다루는 사안이므로 명칭이나 형식이 일부 변형되더라도 지원의 내용은 한정적이다. 돈을 더 빌려주거나(자금지원), 빌려주는 기한을 연장하거나(만기연장), 이자를 깎아주는(이자감면) 세가지가 주류이며, 군이 네번째 지원책을 찾자면 원금감면이나 탕감이지만 쉽게 택하긴 어렵다. 이때의 관건은 관련 금융기관 등이 지원책을 얼마나 용납할 수 있느냐이므로 결국 우량 사업장 중심으로 지원이 집중된다.

공공부문의 PF 지원 방향은 지금처럼 대처하는 것이 적절하며, 시장경쟁력이 떨어지는 일부 기업 등의 문제는 어렵더라도 감수해야 하는 사안이다. 피해를 최소화하는 방침이 최우선이며 실무적으로는 우량 사업장·기업을 중심으로 지원을 집중하고 나머지는 과감하게 버릴 수도 있어야 한다. 부실 사업장·기업을 무리하게 지원하는 것은 사회적으로 바람직하지 않다. 건설업은 본래 등락(부침)이 크고 때로는 위험업종의 속성을 가진다는 점에서도 그렇다.

이는 그간의 정부 대책을 보더라도 명확하다. 예를 들어 미분양 등 건설사업의 리스크를 완화하는 수단으로 제시된 기업구조조정리츠(CR리츠)는 5년간 법인소유 부동산의 종부세를 배제하는 등의 내용이므로, 리츠사업자는 우량매물을 중심으로 매입할 여지가 크다. PF 정상화 지원펀드나 신디케이트론 등의 지원 방안도 다를 바 없다. 부동산PF에 대한 사업성도 브릿지론과 본PF를 구분하든 등 평가기준을 명확히 함으로써 지원 대상의 선별을 구체화했다. 시장충격을 최소화하도록 충분한 시간을 부여하는 것도 잊지 않았다.

그런 식으로 우량물건에 지원을 집중하고 나머지는 자연스레 시장에 맡기는 방침이 2025년에도 이어진다. 이처럼 정책 방향이 명확하다면 핵심은 실행 역량이 된다. 2025년의 국내 건설업황도 동일 선상에서 움직일 것으로 보는 것이 적절할 것이다. ▣

# 차별화 척도될 인공지능
## C커머스, 다시 주목해야

**구진경**
산업연구원 서비스미래전략실 실장

국내 이커머스 시장에서
알리의 도전은
쿠팡과 네이버의 양강 체제에
새로운 긴장감을 불러일으키고 있다.
특히 알리의 저가격 전략과
물류 강화 계획이 실현될 경우
기존의 시장 구도가 재편될 가능성도
배제할 수 없다.

서울 시내의 한 주차장에 있는 쿠팡 배송 차량. [사진 연합뉴스]

**박성택 산업통상자원부 차관은 2024년 8월 제2차 유통미래포럼에서 국내 유통산업이 "폭풍 속을 지나고 있다"고 표현했다.** 시대적 트렌드에 맞춰 변화를 추구해 온 국내 유통산업은 2024년 그 어느 때보다 복합적인 위기 상황에 직면했다. 저성장과 고물가로 인한 소비심리 위축, 알리익스프레스(알리) 등 C커머스의 약진, 티몬·위메프 사태 등 여러 요인이 겹치면서 그야말로 '폭풍의 한가운데'에 있는 한 해로 평가된다. 이런 위기 상황 속에서 이커머스 시장은 2025년을 앞두고 산업의 취약성 극복과 혁신을 통한 강건성 제고라는 과제를 안게 됐다.

## 이커머스 시장, AI 경쟁 본격화

최근 들어 국내 이커머스 시장은 소비자 맞춤형 큐레이션을 통한 서비스 품질 경쟁으로 전환을 예고하고 있다. 이는 다양성과 개인화된 가치 중심의 소비성향이 확산하면서 제품을 단순히 구매하는 것을 넘

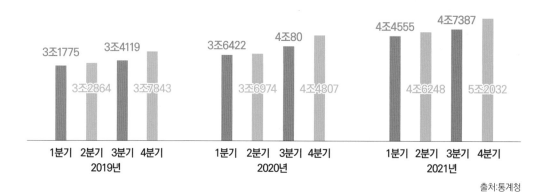

**온라인쇼핑 거래액 변화(2019~2021년)**                    (단위:억 원)

| | 2019년 | | | | 2020년 | | | | 2021년 | | | |
|---|---|---|---|---|---|---|---|---|---|---|---|---|
| | 1분기 | 2분기 | 3분기 | 4분기 | 1분기 | 2분기 | 3분기 | 4분기 | 1분기 | 2분기 | 3분기 | 4분기 |
| | 3조1775 | 3조2864 | 3조4119 | 3조7843 | 3조6422 | 3조6974 | 4조80 | 4조4807 | 4조4555 | 4조6248 | 4조7387 | 5조2032 |

출처:통계청

어 자신에게 맞는 제품을 선호하는 경향이 강화된 결과다. 이로 인해 인공지능(AI) 기반의 서비스 차별화 경쟁이 본격적으로 가속화할 조짐을 보인다.

국내뿐 아니라 글로벌 이커머스 시장에서도 AI 기반 서비스 전쟁은 이미 시작됐다. 2024년 7월 아마존은 '루퍼스'라는 새로운 AI 기반 쇼핑 에이전트를 출시해 주목받고 있다. 루퍼스는 기존의 알렉사보다 한층 발전된 형태다. 이용자와 보다 긴밀한 상호작용을 통해 개인의 선호도와 쇼핑 패턴에 맞춘 맞춤형 쇼핑 경험을 제공한다. 이는 단순한 제품 추천을 넘어 개인화된 쇼핑 경험을 중시하는 최근 소비자들의 수요에 부응하는 것이다. AI 기반 맞춤형 큐레이션을 통해 각기 다른 소비자의 취향을 고려한 추천이 가능해지면서 소비자 만족도를 더욱 높일 수 있을 것으로 기대된다.

국내 유통업계에서도 AI 기반 서비스 전쟁이 본격화할 전망이다. 쿠팡과 네이버는 이커머스 시장의 양대 산맥으로 자리 잡으며, AI 기술 기반 서비스 경쟁에 뛰어들었다. 쿠팡은 2024년 6월 마이크로소프트 부사장 출신의 AI 전문가 아샤 샤르마를 영입하면서 관련 역량을 한층 강화하는 모습이다. 쿠팡은 물류와 배송 경쟁에서 강점을 지니고 있다. 이를 바탕으로 AI 기반 기술을 도입해 물류처리 효율성을 높이고자 한다. 쿠팡이 지속적으로 투자해 온 풀필먼트센터와 로켓배송 인프라는 이제 본격적인 수익화 단계로 접어들고 있다. 이를 통해 쿠팡은 자사의 수익성을 강화하려는 목표를 세우고 있다.

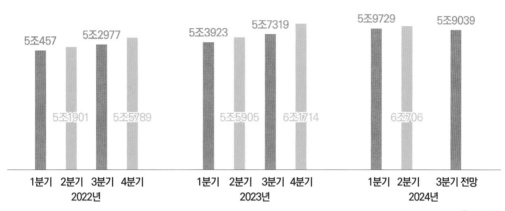

5조457  5조2977
5조1901  5조5789

5조3923  5조7319
5조5905  6조1714

5조9729  5조9039
6조706

| 1분기 | 2분기 | 3분기 | 4분기 | 1분기 | 2분기 | 3분기 | 4분기 | 1분기 | 2분기 | 3분기 전망 |
|---|---|---|---|---|---|---|---|---|---|---|
| | 2022년 | | | | 2023년 | | | | 2024년 | |

출처:통계청

네이버 역시 AI 기반 쇼핑 서비스를 강화하기 위한 움직임을 보인다. 네이버는 자사의 검색 엔진 강점을 활용해 AI와 결합한 맞춤형 쇼핑 서비스를 강화하려는 계획을 밝혔다. 이를 위해 네이버는 기존 데이터 외에도 다양한 이종 데이터를 결합해 소비자 맞춤형 쇼핑 정보를 제공할 예정이다. 예를 들어 네이버는 소비자의 검색 데이터, 쇼핑 패턴, 클릭 기록 등을 종합적으로 분석해 각 소비자에게 최적화된 상품을 추천하는 한층 고도화된 맞춤형 서비스를 제공하고자 한다. 이를 위해 네이버는 AI 기반 쇼핑 앱 '네이버플러스 스토어'를 새롭게 출시할 계획이다. 초개인화된 맞춤형 쇼핑 경험을 통해 소비자들에게 더욱 풍부한 선택지를 제공할 수 있을 것으로 기대된다.

현재 국내 유통산업에서 AI의 활용은 초기 단계다. 앞으로 각 유통사의 고유한 강점과 결합해 경쟁 우위를 강화하는 데 기여할 전망이다. 특히 쿠팡은 물류 및 배송 경쟁력을 더욱 강화할 수 있는 풀필먼트센터 효율성을 AI를 통해 강화할 예정이다. 네이버는 검색 데이터를 활용한 맞춤형 큐레이션에서 경쟁력을 확보하려 한다. 두 기업의 전략적 접근은 국내 이커머스 시장의 양강 구도가 지속될지 여부를 결정짓는 중요한 요소로 작용할 것으로 보인다. 이는 향후 AI가 이커머스 산업 전반에 걸쳐 소비자에게 더 나은 구매 경험을 제공할 수 있는 중요한 기술적 기반이 될 가능성을 시사한다. AI가 이끄는 이커머스 시장의 변화는 국내 소비자들의 쇼핑 경험을 획기적으로 개선하는 계기가 될 것이다.

## 성장정체기에 접어든 C커머스의 재도약

C커머스의 공격적인 시장 확장도 예상된다. 알리는 진출 초기 저가 정책을 통해 한국 시장에서 빠르게 활성 사용자 수를 확보하는 데 성공했다. 그러나 저품질과 안전성, 개인정보보호 문제, 배송지연 등 다양한 문제들이 제기되면서 성장세가 둔화됐다.

이런 가운데 알리는 2025년 상반기까지 국내 물류센터를 구축해 물류 경쟁력을 강화할 계획이라고 발표했다. 현재 활성 사용자 약 700만 명을 보유한 알리는 3년 내로 1700만 명 이상의 고객을 확보하겠다는 목표도 함께 제시했다. 한국 시장 공략에 강한 의지를 드러낸 것이다.

알리는 국내 셀러 유입을 촉진하기 위해 판매자 수수료를 면제해 주는 전략을 채택하고 있다. 이를 통해 다양한 상품군을 확충하고, 저가 상품 중심으로 형성된 소비자 신뢰 부족 문제를 보완하려고 한다. 판매자 수수료 면제는 국내 셀러들에게 강력한 유인책으로 작용하면서 알리의 상품 스펙트럼을 확대해 줄 것으로 보인다. 이는 기존의 저가 상품 이미지에서 벗어나 소비자에게 다양한 상품을 제공함으로써 긍정적인 반응을 이끌어낼 가능성이 크다.

또한, 알리는 한국 소비자들의 구매 데이터를 기반으로 소비자의 니즈를 분석해 맞춤형 서비스를 강화하고 있다. 이런 데이터 분석을 바탕으로 과거에 비해 더 빠른 배송 서비스를 제공하는 데 집중하고 있다. 이는 경쟁력이 낮다고 평가받던 물류 부문의 약점을 보완할 수 있는 전략으로 평가된다. 알리가 물류센터를 국내에 설치하면 배송 속도뿐 아니라 고객 맞춤형 물류 서비스가 가능해져 국내 소비자들의 만족도가 더욱 높아질 것으로 예상된다.

국내 이커머스 시장에서 알리의 도전은 쿠팡과 네이버의 양강 체제에 새로운 긴장감을 불러일으키고 있다. 특히 알리의 저가격 전략과 물류 강화 계획이 실현될 경우 기존의 시장 구도가 재편될 가능성도 배제할 수 없다. 향후 알리의 성공 여부는 물류센터 설립 이후 배송 경쟁력 강화와 다양한 상품군 확보를 통해 소비자의 신뢰를 얼마나 획득할 수 있느냐에 달려 있다.

## 소셜커머스, 이커머스 시장에서 영향력 확대

마케팅의 구루로 불리는 필립 코틀러는 그의 저서 '마켓6.0'에서 "옴니채널 마케팅의 다음 단계는 메타마케팅"이라고 언급했다. 그는 메타마케팅의 핵심이 고객의 몰입을 얼마나 이끌어내느냐에 달려 있다고 설명했다. 이커머스 시장 또한 물리적 소매 환경이 제공하지 못하는 몰입감을 창출하는 방향으로 진화해 왔다. 온라인쇼핑의 한계를 극복하기 위해 이커머스 기업들은 점차 소비자가 실제로 제품을 체험하는 것과 유사한 경험을 온라인에서 제공하려는 노력을 기울이고 있다. 이를 위해 생생한 제품 정보 제공, 소비자와의 관계 형성, 그리고 즉각적인 상호작용을 꾸준히 향상해 왔다.

라이브커머스와 소셜커머스의 성장은 이런 배경에서 이해될 수 있다. 유튜브 크리에이터와 소셜미디어 인플루언서는 이용자와 신뢰 관계를 형성한다. 실시간 상호작용과 동영상 기반 상품 정보 제공으로 이커머스의 몰입도를 높인다. 최근에는 숏폼 콘텐츠의 확산으로 소셜 플랫폼에 대한 트래픽이 급격히 증가하고 있다. 이는 소셜커머스의 영향력 확대로 이어진다. 짧고 임팩트 있는 영상 콘텐츠가 소비자에게 쉽게 다가갈 수 있는 수단으로 주목받으며, 많은 소비자가 이를 통해 제품 정보를 얻고 구매까지 이어지는 경향을 보인다.

메조미디어 조사에 따르면 쇼핑 광고를 가장 많이 접하는 미디어 순위에서 유튜브(51%)가 1위를 차지했다. 사회관계망서비스(SNS)(49%)와 포털(43%)이 뒤따랐다. 이커머스 시장에서 소셜플랫폼의 영향력이 커지고 있다. 유튜브는 이미 쿠팡과 협력해 동영상 콘텐츠에 쿠팡 제품을 태그할 수 있는 서비스를 제공 중이다. 2024년부터는 카페24가 유튜브 커머셜 서비스를 본격적으로 제공하면서 인플루언서 커머스의 성장이 예상된다.

2024년 대내외적인 다양한 위기를 겪은 이커머스 시장은 2025년을 기회로 전환하기 위한 차별화 전략을 적극적으로 추진하고 있다. 이를 통해 국내 소비자들의 서비스 이용 품질과 이커머스 기업에 대한 로열티가 더욱 강화될 것으로 예상된다. 이커머스 기업들은 치열한 경쟁 속에서 소비자들의 신뢰를 얻고 선택을 받을 수 있는 방안을 모색해야 하는 상황에 직면했다. 누적된 수익률 악화를 극복해야 하는 과제도 안고 있다. 두 가지 큰 도전에 대응해야 한다. 혁신을 기반으로 성장하는 이커머스 시장이 양적 성장뿐만 아니라 강건성을 갖추는 데 주력할 것으로 보인다. E

중국과 차별화 필요
# 프리미엄 제품군 초격차 확보해야

**최재희**
대외경제정책연구원 전문연구원

한국 기업들은
중국과의 경쟁을 대비해
설계 및 소재 기술에 대한
R&D 투자를 이어나가
중국과는 차별화된 품질과
초격차의 기술력을 확보해
향후 배터리 시장에서 일어날 수 있는
경쟁 격화 또는 대체 기술의
위협으로부터 살아남아야 한다.

**글로벌 배터리 시장에서 중국 기업의 점유율이 지속적으로 상승하고 있다.** 글로벌 시장에서 중국을 제외하더라도 중국의 점유율은 유럽과 신흥국을 중심으로 빠르게 확대되고 있으며, 그만큼 한국 배터리 기업의 입지는 점차 좁아지고 있다. 또한 도널드 트럼프의 재집권으로 인한 북미 시장의 불확실성 가중, 유럽 시장에서 한·중 간 경합 심화, 신흥국 시장의 확대 등 우리 배터리 기업들은 많은 과제들을 당면하고 있다. 이러한 상황에서 우리 배터리 기업들은 어떻게 하면 글로벌 경쟁력을 유지·제고할 수 있을까?

## 중국과의 경쟁 전략 재확립

글로벌 시장 점유율에서 알 수 있듯이 한국 배터리의 가장 큰 경쟁 상대는 중국이다. CATL과 BYD로 대표되는 중국 기업은 가격경쟁력과 기술경쟁력을 기반으로 약진하고 있다. 특히 2024년 기준 중국산

SK온의 미국 법인 SK배터리아메리카. [사진 SK온]

## 글로벌 전기차 배터리 시장점유율 변화

(단위:%)

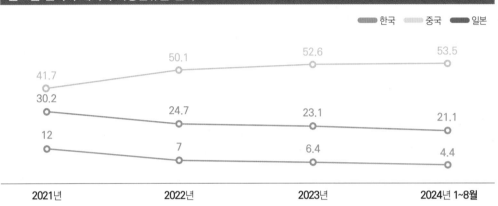

●●● 한국　●●● 중국　●●● 일본

| | 2021년 | 2022년 | 2023년 | 2024년 1~8월 |
|---|---|---|---|---|
| 중국 | 41.7 | 50.1 | 52.6 | 53.5 |
| 한국 | 30.2 | 24.7 | 23.1 | 21.1 |
| 일본 | 12 | 7 | 6.4 | 4.4 |

*편의상 각국 대표 기업들의 점유율을 합산. 한국은 LG에너지솔루션·SK온·삼성SDI를 포함하고 중국은 CATL과 BYD, 일본은 파나소닉을 포함.
자료 : SNE리서치

배터리의 수출 단가는 한국산 대비 약 73% 수준으로 판매되고 있어 한국 배터리 기업에 큰 위협이 되고 있다. 이들이 이렇게 배터리를 싸게 만들 수 있는 이유는 여러 가지가 있지만 가장 핵심적인 비결은 자체 공급망, 인건비 및 전기세, 정부 지원을 들 수 있다. 특히 중국 중앙 및 지방 정부는 주요 기업에 대해 직접적인 재정 보조는 물론 여신·토지·전기·가스 등 각종 비용까지 지원하고 있는 것으로 알려졌다. 또한 가격뿐만 아니라 기술력 부문에서도 CATL 등 일부 선도 업체의 경우 한국 배터리보다 앞서 나가는 영역들이 발생하기 시작했다. 대표적인 예가 반고체 전지와 나트륨 이온 배터리이며, 동 분야는 중국에서 이미 상용화가 시작되었고 해당 배터리들이 탑재된 전기차가 출시되었다는 점에서 중국이 앞서가고 있다고 볼 수 있다.

중국 기업들은 기술 경쟁력 제고를 위해 엄청난 액수의 금액을 연구개발(R&D)에 투자하고 있으며, 일례로 CATL의 경우 2023년 기준 연구개발비가 3조 4931억 원에 달해 한국 배터리 3사의 연구개발비의 합계인 2조 4744억 원보다 높았다. 중국 기업들은 이를 통해 전기차와 ESS뿐만 아니라 eVTOL, 전기선박, 경전철 등 배터리의 사용처도 확장해 가고 있다. 고전압 미드니켈, 코발트프리, 나트륨 이온 배터리 등 차세대 분야에서도 다양한 제품을 개발 및 상용화하고 있어 한중 간 경합은 더욱 다양한 방면에서 치열해질 것으로 예상된다.

이에 한국 기업들은 중국과의 경쟁을 대비해 그들의 전략을 보다 면밀히 분석하여 새롭게 확장되는 다양한 시장에 대한 선제적·전략적 접근을 강화할 필요가 있다. 또한 장기적인 관점에서 설계 및 소재 기술에 대한 R&D 투자를 이어나가야 하며, 이를 통해 중국과는 차별화된 품질과 초격차의 기술력을 확보해 향후 배터리 시장에서 일어날 수 있는 경쟁 격화 또는 대체 기술의 위협으로부터 살아남아야 한다.

## 지역별 맞춤 전략이 필요

우리 기업들에 선진국 시장은 매우 중요하다. 특히 북미는 중국을 제외한 가장 큰 시장이 될 것이며 북미 시장을 장악하는 것은 K-배터리의 가장 중요한 과제 중 하나라고 할 수 있다. 미국은 트럼프의 재집권으로 중국과의 디커플링(서로 다른 방향으로 움직임)이 더욱 강화될 것으로 예상된다. 바이든 정부하에서 ESS, 상용차 등에 한해 중국 배터리의 진입이 일부 허용되고 있는데, 트럼프 정부는 이를 차단할 가능성이 높을 것으로 예상된다. 가령 바이든 정부에서는 ESS용 배터리에 대한 추가 관세 25%를 2026년까지 유예했는데, 2025년부터 트럼프가 집권하면 관세 부과 시기가 더욱 빨라질 수 있고, 관세 부과율도 더욱 높아질 수 있다.

그렇다면 중국 배터리의 미국 사업은 더욱 확실하게 차단될 수 있고, 그 공간은 한국 기업들이 차지할 가능성이 매우 높아질 것이다. 다만 향후 인플레이션감축법(IRA) 세액공제 혜택의 존속이 다소 불확실해져 우리 기업들의 수혜 규모가 중장기적으로 축소될 가능성도 있으므로 대비가 필요하다. 한국은 미국 내 중국산 배터리가 배제된 상황에서 우리 기업들의 배터리 제조 역량을 레버리지로 삼아 미국 사업에 필요한 사항들을 요구할 수 있고, 그 과정에서 첨단제조생산세액공제(AMPC) 보조금 유지나 관세 유예 등도 협상 테이블에 올려볼 수 있지 않을까 생각한다.

또한 트럼프의 재집권으로 미국 시장의 전동화가 늦어질 가능성은 매우 높아졌다. 하지만 전동화는 AI, 자율주행 등 모빌리티의 미래와 밀접하게 연관되어 있어 결코 중단되지는 않을 것이므로 우리 기업들은 미국에서의 4년을 잘 버티는 것이 중요할 것이며, 다른 한편으로는 새롭게 열리는 신흥국에 대한 선제적인 투자로 시장 다변화를 미리 준비해야 한다.

가령 현재 인도와 동남아, 중남미에서도 배터리 수요가 증가하고 있으므로 우리 기업들은 현지 투자 생산 확대를 고려해 볼 수 있다. 이 과정에서 현지의 업스트림 공급망을 활용할 수 있으며, 특히 신흥국 시장에서는 얼마든지 중국의 저렴한 업스트림 공급망을 활용해 원가를 최대한 줄일 수 있다. 동남아와 중남미의 경우 이미 중국 업체들도 진출하고 있어 다소 경합이 예상되나 아직 초기 단계이므로 우

LG에너지솔루션이 2024년 9월 미국 캘리포니아 애너하임에서 열린 북미 최대 에너지 전시회 'RE+ 2024'에 마련한 전시 부스 조감도. [사진 LG에너지솔루션]

리에게도 충분히 기회는 있다. 특히 인도시장의 경우 인도와 중국의 갈등 관계를 활용하여 더욱 깊숙이 침투해 잠재적 대규모 시장인 인도를 선점할 필요성도 있다고 판단된다.

유럽의 경우 2025년부터 탄소배출 규제가 강화되고, 주요국들이 전기차 보급 정책을 재확대하는 등 우리 기업에 긍정적인 영향이 있을 것으로 기대된다. 유럽 완성차 업체들은 강화된 규제에 따른 페널티 부과를 피하기 위해 더 많은 전기차를 생산해야 하고 독일에서는 전기차 구매보조금이 부활하는 등 유럽의 전동화는 다시 속도가 붙을 가능성이 높다.

유럽연합(EU)의 대중국 전기차 관세를 한국 배터리에 대한 수혜로 보는 시각도 있지만, 사실 우리 배터리 기업들은 간접적인 수혜만 볼 수 있을 뿐이다. 관세로 인해 중국산 전기차의 유럽 판매가 감소한다면 중국 전기차에 탑재되던 중국 배터리의 사용량도 감소하는 정도의 수준이다. 또한 당분간은 중국 전기차가 관세를 감수하고 이익률을 최소화해 유럽 진출을 감행할 가능성이 크며, 중장기적으로는 중국 자동차 기업들이 유럽 역내에 생산기지를 건설할 계획이므로 유럽의 대중국 견제의 실효성은 조금 더 지켜볼 필요가 있겠다. 따라서 유럽은 현재 한국과 중국 배터리의 격전지로 볼 수 있다.

중국산 배터리에 대한 특별한 차별이 없는 유럽에서 우리 기업들이 승리하려면 46시리즈 배터리, 리튬·인산·철(LFP) 배터리의 조기 양산과 건식 공정 등 공정 혁신으로 배터리 단가를 낮춰야 한다. 또한 중국도 고전압 미드니켈, 코발트프리, 고체전지 등의 차세대 배터리 분야에 대한 R&D 투자를 확대하고 있고 개발의 진척도 있는 것으로 파악되므로 기술적 측면에서 중국과의 차별화가 꼭 필요하고, 특히 전고체 등 프리미엄 제품군에서는 초격차를 확보할 수 있어야 한다. 이에 더해 우리 정부는 유럽과 국제 표준 및 규범 협력, 환경 및 인권 문제 협력, 공급망 협력 등의 외교적 노력을 확대해 우리 기업에 보다 유리한 환경을 조성하는 데 더욱 힘쓸 필요가 있다.

마지막으로 배터리는 한국에 매우 중요한 산업이자 미래 핵심 먹거리이므로 국가의 경제 안보적 차원에서 우리 정부와 기업 공동의 전략적 논의와 대응이 지속될 수 있도록 함께 노력해야 할 것이다. ▣

# 대한항공·아시아나항공 합병 후
## 항공업계 지각 변동은

**황용식**
세종대 경영학과 교수

대한항공과
아시아나항공의 합병을 통해
국내 항공산업은 통합 대형 항공사와
통합 저비용 항공사로 재편되며,
이로 인한 국제선 시장에서의
경쟁이 더욱 치열해질 전망이다.
이러한 변화는
소비자 편익을 증가시키고
항공산업의 글로벌 경쟁력을 강화하는
긍정적 효과를 가져올 것으로 기대된다.

**국내 항공산업은 대형 항공사(FSC)와 저비용 항공사(LCC)로 양분되어 있었으나, 최근 대한항공·아시아나항공사 간 결합 및 통합을 통해 2025년 항공산업 생태계가 급변할 것으로 예상된다.**

국내 FSC 간 합병은 지난 2019년 4월 금호그룹의 유동성 문제로 아시아나항공 매각이 결정된 이후 대한항공이 인수에 나서면서 본격화됐다. 두 항공사의 합병으로 양 사 노선의 약 80%가 중복됨에 따라 독과점 문제가 제기됐다. 이를 해소하기 위해 국내외 경쟁 당국은 운수권 조정과 같은 결합 승인 조건을 부과할 예정이다.

공정거래위원회는 26개 국제선 노선에 대한 운수권 개방 조치를 통해 경쟁 체제를 도입할 계획이다. 또한 양 사 결합에 따른 지배구조 변화로 인해 양 사의 자회사 LCC(진에어, 에어부산, 에어서울)의 통합도 예정되어 있다. 이러한 LCC 통합을 통해 새로운 경쟁 구도가 형성될 전망이다.

아울러 양 사 통합에 대해 국내외 경쟁 당국이 취한 시정조치에 따라 대한항공과 아시아나항공의

인천국제공항 계류장에 대한항공과 아시아나항공 여객기가 세워져 있다. [사진 연합뉴스]

인천공항 제2여객터미널 확장지역. [사진 연합뉴스]

일부 노선이 이관되며 국내 LCC들이 수혜를 볼 것으로 예상된다. 대한항공은 36국 108도시, 아시아나는 23국 63도시에 취항 중이나 약 80%가 중복돼 있어 양 사 결합 시 중복 노선의 독과점 우려에 따라 일부 운수권 조정이 진행 중이다.

## LCC 경쟁 구조의 변화

통합된 LCC의 등장은 기존 3강 체제를 1강 2중 구조로 변화시킬 것이다. LCC들은 시장 점유율을 방어하기 위해 차별화 전략을 구사할 것으로 예상된다. 기존 국내 LCC 시장은 제주항공이 선도하고, 그 뒤를 진에어와 티웨이항공이 잇는 구조였다. 진에어, 에어부산, 에어서울이 통합되면, 해당 통합 LCC는 여객 시장에서 43%의 점유율을 차지하여 독보적 지위를 확보할 것으로 예상된다.

아울러 LCC들은 경쟁력 강화를 위해 장거리 노선 운항을 확대하고, 하이브리드 서비스 및 화물 사업 진입 등 서비스 차별화를 추진할 것으로 예상된다. 특히 티웨이항공은 대한항공이 이관하는 유럽 4개 노선의 운항을 일부 시행 중이며 에어프레미아는 대한항공의 일부 미주 노선 인수가 진행 중이다. 또한, 기존 LCC들은 단거리 중심으로 운영되던 소형 항공기 외에 중장거리 운항에 적합한 대형 항공기 노입을 확대할 예정이다.

일본에서는 LCC가 중장거리 노선을 운항한 사례가 있다. ZIP AIR는 일본 최초의 중장거리 LCC로, B787 항공기를 사용해 나리타 공항을 거점으로 아시아와 미주를 연결하는 9개 노선을 운항한다. 에어재팬(AIR Japan)은 동남아를 중심으로 일본 인바운드 및 레저 수요를 목표로 나리타-방콕 노선에 취항했으며, 대양주 노선도 확대할 계획이다.

LCC가 장거리 운항에 성공하려면 FSC와 비교해 비용 경쟁력을 유지해야 한다. 장거리일수록 FSC와 LCC 간 단위 비용 격차가 줄어들기 때문에 장거리에서는 LCC가 특유의 경쟁력을 발휘하기 어려울 수 있다. 따라서 FSC에 비해 비용 경쟁력을 강화하기 위해 연료 효율이 높은 항공기를 도입하고 좌석 수를 늘려 비용을 절감하는 것이 필요하다.

또한 LCC는 통상적으로 항공기 기종을 단일화하거나 최소화해 정비 효율성을 높이고 요금 경쟁력을 확보한다. 그러나 통합 LCC는 보유 기종이 다양해지면서 기재 관리 효율성이 저하될 가능성이 있어 통합 시너지 효과가 일부 제한될 수 있다. 예를 들어 진에어는 B737 기종을, 에어부산과 에어서울은 A321 시리즈를 주력으로 운영하고 있어 통합 시에 제조사 차이로 인해 정비 부담이 증가하고 인력 관리 효율성이 떨어질 우려가 있다.

## 국제선 시장 경쟁 촉진

국토교통부는 항공 자유화 협정을 확대하여 국제선 시장의 경쟁을 촉진하고자 한다. 항공 자유화 협정의 확대로 직항 노선 수가 증가함에 따라 국제선 시장이 확장되고 있으며, 이에 따라 LCC들은 신규 노선 취항을 두고 치열한 경쟁을 할 것이 예상된다.

아울러 국토교통부는 통합 항공사의 독점 완화, 신규 항공사 진입 촉진 등 공정한 경쟁 환경 조성을 위해 항공 운수권을 재배분하여 소비자 편익을 증진할 방침이다. 운수권이란 항공회담을 통해 합의한 운항 횟수, 방식 등에 의해 항공기로 여객·화물을 수송할 수 있는 권리로, 배분 대상 항공사보다 신청 항공사가 많을 경우 심사를 통해 국토교통부가 배분하게 된다.

FSC 결합과 통합 LCC 출범에 따른 운수권 조정은 경쟁사들이 새로운 취항 노선을 확보하고 시장

점유율을 확대할 기회가 된다.

이로 인해 항공사들 간의 경쟁이 촉진되며 항공 요금 인하 효과를 기대할 수 있다. 예를 들어 2019년 국토부가 대한항공이 독점하던 울란바토르 노선에 대해 운수권을 재배분하면서 경쟁이 촉진되었고, 그 결과 해당 노선의 항공 요금이 하락한 사례가 있다.

또한, 이 같은 경쟁은 항공권 가격, 운항 스케줄, 서비스 품질 면에서 소비자를 대상으로 한 차별화 전략을 강화하는 역할을 할 것으로 예상된다. 코로나19 동안 억눌린 수요가 급증하면서 일본과 동남아시아를 중심으로 한 단거리 노선 수요가 코로나19 이전 수준으로 빠르게 회복 중이다. 동시에 최근 엔데믹 상황에서 북미, 유럽, 호주 등 중장거리 여행 수요도 증가하는 추세를 보이고 있으며, 이에 따라 항공사들은 해당 노선의 증편 및 운항 확대를 추진하고 있다.

## 소비자 편익 증대 및 경험 개선 전망도

최근 여객 트렌드 변화로 항공권 가격과 다양한 운항 스케줄이 항공사의 경쟁력 요소로 강조되고 있다. FSC의 경우, 합병 이후 국내 유일의 FSC가 되면서 외항사와의 경쟁이 불가피할 것으로 보인다. 수하물 분실 대응, 부대 서비스(라운지·마일리지 등)와 같은 서비스 경쟁력이 더욱 중요해질 것이다.

무엇보다 LCC 선택 시 중요한 기준은 '가격 경쟁력'으로 분석된다. 하지만 최근 FSC와 LCC의 중복 노선에서 LCC의 가격이 소비자의 기대에 미치지 못하는 양상을 보이기 때문에 FSC 대비 가격 경쟁력 강화가 더욱 요구된다. 소비자들은 일반적으로 LCC 항공권 가격이 FSC 대비 약 38% 저렴할 것으로 기대하나, 성수기에는 가격 차이가 10% 전후에 그치고 비수기에도 약 20%에 불과한 것으로 파악된다.

통합 항공사 출범 이후 국제선 항공권 가격 인하와 선택지 확대로 소비자 편익도 개선될 것으로 보인다. 국제선 취항지 확대와 운수권 조정으로 인해 항공사 간 경쟁이 심화하면서 대부분의 노선에서 항공권 가격이 인하되고 소비자의 선택 폭이 넓어질 것으로 예상된다. 취항지가 늘어나면서 여행지 선택지가 확대되고, 각 노선별 항공사 선택지도 다양해질 수 있는 것이다.

향후 항공자유화협정 체결국이 70여 개국으로 확대되면 이에 따라 취항지가 증가하게 되고, 신규 여행지 증가에 따른 관광 수요도 증가할 것으로 예상된다.

마지막으로, 항공사 통합과 노선 조정에 따라 신규 항공기 도입이 증가하며 객실 쾌적도와 편의성이 개선되고, 이에 대한 소비자 만족도도 향상될 것으로 기대된다. 이는 기내 엔터테인먼트, 무료 기내식, 무료 수하물, 넓은 좌석 간격과 같은 소비자 유인 요소가 더욱 강화된 원인으로 분석된다.

## 메가캐리어 코앞 대한항공

대한항공의 아시아나항공 인수 합병은 2021년 1월 14개국에 기업결합을 신고한 이후, 2023년 2월 13일 EU의 조건부 승인을 받아 현재까지 13개국에서 승인 또는 심사가 완료된 상황이다. 이제 남은 것은 미국 경쟁 당국의 승인으로, 이 또한 연내에 기업결합이 완료될 것으로 기대된다.

양 사의 인수 구조는 대한항공이 아시아나항공에 제3자 배정 유상증자 1조 5000억 원과 영구채 인수 3000억 원을 통해 63.9%의 지분을 확보하는 방식이다. 이미 유상증자 금액 중 7000억 원(계약금 3000억 원, 중도금 4000억 원)이 지급됐다.

대한항공은 과거 통합(PMI) 계획안에서 인수 후 통합까지 약 2년이 소요되며 통합 과정에서 필수적 비용은 6000억 원, 예상 통합 시너지 효과는 영업이익 기준 3000억~4000억 원으로 추산된다고 밝혔다.

결론적으로, 대한항공과 아시아나항공의 합병을 통해 국내 항공산업은 통합 대형 항공사와 통합 저비용 항공사로 재편되며, 이로 인한 국제선 시장에서의 경쟁이 더욱 치열해질 전망이다. 이러한 변화는 소비자 편익을 증가시키고 항공산업의 글로벌 경쟁력을 강화하는 긍정적 효과를 가져올 것으로 기대된다. 🗉

# 글로벌 강타한 GLP-1 비만치료제
## 식욕 낮추는 호르몬 아밀린도 주목

**배진건**
이노큐어테라퓨틱스 상임고문

주사 제형의 체중 감량 약물은
환자들이 복용하기 편한
먹는 약물(경구 제형)로 바뀔 것이다.
체중 감량 약물은
비만 환자가 복용했을 때
'더 건강해지는' 변화를
경험하는 방향으로
발전할 것으로 기대된다.

서울 시내 한 호텔에서 열린 덴마크 기업 노보 노디스크의 비만치료제 위고비(성분명 세마글루타이드)의 한국 출시 행사장에 안내판이 놓여 있다. [사진 연합뉴스]

2024년 10월 공개된 미국 국민건강영양조사(US National Health and Nutrition Examination Survey)에 따르면 20세 이상 미국 성인의 비만율은 2020년부터 2023년까지 2% 감소했다. 매우 높은 비만율을 보이는 미국이 '비만의 정점'을 지난 셈이다. 이번 조사에서는 남성과 여성의 비만율 감소 추이가 차이를 보이지 않았다. 다만 여성은 남성보다 중증 비만의 유병률이 더 높았다.

## 세계 시장 휩쓴 GLP-1

미국 국민건강영양조사의 결과는 체중 감량 약물의 광범위한 사용이 미국 성인의 비만율 감소에 영향을 끼쳤음을 시사한다. 위고비(성분명 세마글루타이드)와 오젬픽(성분명 세마글루타이드)을 비롯한 체중 감량 약물의 보급과 비만율의 감소가 직접적으로 연관돼 있다는 점은 확인되지 않았다. 하지만 이런 약물이 시장에 공급된 이후 미국 성인의 비만율은 빠른 속도로 줄었다. 실제 이들 약물은 2021년쯤 미

 **20세 이상 미국인의 비만율 추이**  (단위:%)

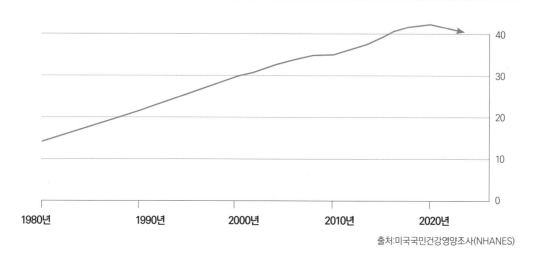

출처:미국국민건강영양조사(NHANES)

국 시장에 출시됐다. 미국인의 8%가량은 이들 약물을 처방받았다.

위고비와 오젬픽은 글루카곤 유사 펩타이드-1(GLP-1) 계열의 약물이다. GLP-1은 사람이 음식을 섭취했을 때 장에서 분비되는 호르몬이다. GLP-1은 혈당 조절에 중요한 역할을 하는 인슐린의 분비를 촉진한다. 사람이 식욕을 억제할 수 있도록 도와 체중을 조절하는 데도 긍정적인 영향을 미친다.

현재 전 세계 의약품 시장에서 이런 GLP-1 수용체 작용제보다 더 인기 있는 약물은 없다. 덴마크 기업인 노보 노디스크는 2024년 1분기를 기준으로 위고비로만 13억 5000만 달러(약 1조8800억 원)를 벌었다. 세계 최초로 인슐린을 상용화한 미국 기업 일라이 릴리는 체중 감량 약물 젭바운드(성분명 티르제파타이드)로 같은 기간 5억 1700만 달러(약 7200억 원) 이상을 벌어들였다.

GLP-1 계열의 약물은 비만 환자가 체중을 조절하는 데 매우 효과적이다. 하지만 체중 감량 효과와 함께 근육량도 줄인다. GLP-1 계열의 약물이 우리 몸에서 작동하는 방식 때문이다. GLP-1 계열 약물의 효과는 '굶주림'과 같다. 사람이 열량을 덜 섭취하게 만들고 우리 몸이 자원을 인색하게 사용하도록 만든다. 부족한 에너지는 근육에서 얻는다. 근육량이 줄어들면 고령의 비만 환자에게는 또 다른 문제가 생길 수 있다.

## 식욕 낮추는 호르몬 '아밀린'

GLP-1 계열의 약물을 넘어설 비만치료제는 무엇일까? 해답은 아밀린(amylin)이다. 아밀린은 사람이 음식을 섭취한 이후 인슐린과 함께 분비되는 37개의 아미노산으로 구성된 펩타이드다. 뉴질랜드 기업인 질랜드 파마가 아밀린 유사체인 페트렐린타이드로 비만치료제를 개발하고 있다. 질랜드 파마는 최근 페트렐린타이드의 임상 1b상 결과를 공개했다. 임상 결과 페트렐린타이드는 강력한 체중 감소 효과와 함께 우수한 내약성(약물을 투여했을 때 임상 참여자가 부작용이나 불편감을 견뎌낼 수 있는 정도)을 나타냈다.

아밀린은 위고비를 비롯한 GLP-1 계열의 비만치료제를 이을 새로운 비만치료제로 개발될 공산이 크다. 아밀린이 '식욕'과 관련된 호르몬이기 때문이다. 아밀린과 GLP-1 등 식욕에 영향을 미치는 호르몬은 체중을 조절할 때 중요한 역할을 한다. 호르몬은 우리 몸에서 '메신저' 역할을 하는 중요한 물질이다. 신진대사, 배고픔, 포만감을 포함한 대다수의 신체 과정을 촉진한다. 인슐린, 렙틴(leptin), 그렐린(ghrelin), 뉴로펩타이드 Y(neuropetide Y), 펩타이드 YY(peptide YY), 콜레시토키닌(cholecytokinin) 등이 호르몬이다.

## 비만치료제, '건강'이 목표여야

미토콘드리아의 비결합(uncoupling)을 촉진하는 약물도 새로운 비만치료제가 될 수 있다. 비만은 에너지 수급(需給)의 불균형으로 인해 발생한다. 비만을 치료할 때도 에너지의 공급과 수요를 조절한다. 공급을 줄이는 일은 식사량을 조절하는, 이른바 '소식(小食)'이다. 하지만 식사량을 조절해 에너지 공급을 줄이는 일은 비만 치료의 효과가 충분하지 못하다. 그래서 비만을 치료하기 위해 사람이 에너지를 더 많이 소비하는 전략을 개발하려는 움직임이 많다. 미토콘드리아의 비결합이 여기에 해당한다.

미토콘드리아의 비결합은 사람이 낮은 기온에 노출됐을 때 자연스럽게 나타난다. 가벼운 추위와 포식(overfeeding)은 포유류가 더 많은 열을 내게 한다. 이를 적응적 열발생(adaptive thermogenesis)이라고 한다. 작은 동물은 주로 갈색지방조직(brown adipose tissue)에서 미토콘드리아의 비결합이 진행되는 적응적 열발생이 나타난다. 교감신경계가 통제하는 UCP1(uncoupling protein 1) 단백질이 이를 관장한다. UCP1은 미토콘드리아 내막의 수소 구배(proton gradient)를 약화해 ATP 생성효소(ATP synthase)를 우회한다. 이를 통해 ATP의 생성을 억제하고 에너지를 열로 방출시킨다.

미토콘드리아의 비결합을 통해 체중을 줄인다는 발상이 새로운 것은 아니다. 하지만 사람이 에너지를 더 소모하게 만들어 체중을 감량하는 방식의 미토콘드리아 비결합 약물은 안전성에 대한 우려가 있다. 가령 1933년 체중 감량 효과가 발견돼 실제 시장에서 판매된 약물인 2,4-다이나이트로페놀(DNP)은 체중 감량 효과가 있다는 점이 밝혀졌지만, 약물을 투약했을 때 불규칙한 심장박동과 체온 상승을 비롯한 여러 부작용을 동반한다. 영국, 아일랜드, 독일, 노르웨이 등에서는 DNP가 포함된 물질을 섭취해 10여 명이 사망했다.

이런 사례를 참고할 때 비만 환자가 사용할 체중 감량 약물은 안전성과 내약성이 기존의 약물보다 좋아야 한다. 최근 출시된 체중 감량 약물보다 더 좋은 치료 효과도 보여야 한다. 환자가 더 편리하게 투약할 수 있는 제형의 체중 감량 약물을 개발하는 것도 중요하다. 현재 노보 노디스크와 일라이 릴리 등은 주사 제형의 약물을 비만치료제로 시장에 내놨다. 주사 제형의 체중 감량 약물은 환자들이 복용하기 편한 먹는 약물(경구 제형)로 바뀔 것이다. 체중 감소 효과와 함께 근육량을 보전하는 약물을 개발하기도 숙제다. 결국 체중 감량 약물은 비만 환자가 복용했을 때 '더 건강해지는' 변화를 경험하는 방향으로 발전할 것으로 기대된다. **E**

**은행들, 규제와 경쟁 속 방향성은**

# 금리 인하라는 변곡점 맞은
# 은행업, 대출·이익 등 방향성 바뀌는 한 해

**이수영**
하나금융연구소 연구위원

2025년 은행업은
지표로 드러나는 변화의 총량이
2024년과 크게 다르지 않을 수 있다.
하지만, 대출 부문, 이익 부문,
비용, 수신 등
많은 하위 요소들의
방향성이 바뀌는
한 해가 될 것이다.

**2024년 은행들은 대출 규모에서 견조한 성장을 바탕으로 순이자마진(NIM)하락에도 전년대비 높은 순이익을 기록했다.** 본격적인 금리인하가 예상되는 2025년에도 은행들은 2024년과 같은 호실적을 기록할 수 있을까?

2025년은 기준금리 인하가 본격화되는 해가 될 것이며, 이는 예대마진이 주 수익원인 은행들에게 분명 좋은 뉴스는 아니다. 하지만 부정적이라고만 볼 수도 없을 것이다. 환율 하락, 완만한 내수 회복, 설비 투자 확대 등의 우호적인 경제 상황들이 동반될 전망이기 때문이다.

규제 측면에서도 변화가 예상된다. 2025년은 가계대출 관리, 부동산PF 제도 개선 등 부채(Debt) 부문 규제가 강화되고, 기업 밸류업 지원, ISA 세법 개정 등 자본(Equity) 부문 규제는 완화될 예정이다. 즉, 금융업의 성장 축이 부채에서 자본으로 옮겨가는 한 해가 될 것으로 보인다.

이러한 경제 및 규제 환경 변화에 따라 금융업권별로, 은행업 내에서도 이익의 종류와 사업 부문별로 영향이 차별화될 전망이다. 금리 하락과 부채 부문 규제 영향을 받는 이자이익 부문에서는 대출 성장 제약과 예대마진 약화로 성장이 제한될 것이다. 반면 환율 하락과 자본시장의 영향을 받는 비이자이익 부문에서 실적이 개선될 수 있을 것이다. 또한 하반기로 갈수록 신용위험 완화에 따른 건전성 개선의 효과도 기대해볼 수 있다. 요약하자면, 2025년 은행들의 성장은 둔화하겠으나, 수익성은 2024년과 비슷한 수준에서 유지되는 해가 될 것으로 전망한다.

## 2025년 성장은 명목 GDP 소폭 상회하는 수준

국내 은행들의 대출성장률은 지난 10년간 명목 GDP 성장률을 상회하는 흐름을 보여 왔다. 특히 코로나19가 시작되던 2020년, 명목 GDP와 격차를 크게 벌렸던 대출성장률은 이후 점차 감소하여 명목성장률을 소폭 상회하는 수준에서 지속되고 있다. 2024년 가계와 대기업 부문이 대출 성장을 견인했으나, 2025년은 금융당국의 강력한 가계대출 관리 의지와 대기업들의 직접금융시장 이용 확대로 이 두 부문에서 성장이 부진할 전망이다.

대출 부문별로 살펴보면, 2023년 이후 은행들의 가계대출 월별 증가액 중 대부분은 주택담보대출이었다. 주택담보대출을 제외한 전세대출, 집단대출, 기타대출은 대부분 순감소를 지속했다. 주택담보대출 중에서는 정책대출이 상당 비중을 차지하는 바, 2025년 가계대출성장성에 있어 주택시장 회복 속도와 정책대출이 관건이 될 전망이다. 2025년 수도권 주택시장이 점진적으로 회복하고, 저출생 극복을 위한 정책대출 공급은 지속될 것으로 보여, 가계대출에 대한 수요는 유지될 것으로 예상된다. 하지만,

금융당국은 2025년에도 가계대출 관리에 강한 의지를 표명하고 있고, 거시정책과의 공조도 계속해 나갈 계획인 바 가계대출 성장은 제한될 수밖에 없을 것으로 예상된다. 또한 금리 하락에 따라 정책대출의 금리 메리트가 축소된다는 점도 성장을 제약하는 요인으로 작용할 전망이다.

선세 및 집단대출의 부진도 2025년 가계대출 성장을 제한하는 요인이다. 전국 분양시장 위축, 입주예정 물량 감소로 집단대출은 당분간 감소 흐름을 이어갈 전망이다. 전세대출도 월세 선호현상 확대, 계약갱신청구권 적용으로 인한 출회 매물 감소 등으로 부진이 예상된다. 반면 신용대출을 포함한 기타대출의 경우 금리가 하락함에 따라, 레버리지 투자 심리 확대, 규제 회피 수요 등으로 순증으로 전환할 수있을 것으로 보이나, 증시 불확실성, 스트레스 DSR 3단계 적용 등으로 증가폭은 제한적일 전망이다.

기업대출은 코로나19 기간 급격히 증가했으며 정상화되는 과정을 겪고 있는 상황이라고 판단된다. 그동안 경기 불확실성, 유동성 감소, 부채비율 상승 등 악화되었던 기업의 성장성, 수익성, 안정성은 점차 개선되고 있는 추세이다. 2025년은 2024년 대비 설비투자 확대가 기대되고, 운전자금 수요도 지속될 전망이기에 기업들의 자금 수요는 지속될 것으로 보인다.

자금 수요가 지속됨에도 불구하고, 대기업 대출은 예년과 같은 고성장을 지속하긴 어려울 전망이다. 신용스프레드가 축소되고, 대출금리와 회사채금리와의 차이가 확대됨에 따라 우량 대기업들을 중심으로 회사채 발행 유인이 확대될 것으로 예상되기 때문이다. 이에 기업들의 자금조달 경로가 은행이아닌 직접금융시장으로 이동할 가능성이 높을 것으로 예상된다. 다만 2025년에는 국채 순발행이 상당폭 늘고, 회사채 대규모 만기 물량 도래에 따른 수요 제약에 대한 부담으로 대출증가율이 급격히 감소하지는 않을 것으로 전망된다. 반면 중소기업을 중심으로 은행들의 영업 강화, 시장금리 하락에 따른 신용위험 완화 및 차입 여건 개선 등으로 중소기업 대상 대출은 증가폭은 확대될 수 있다.

## 이자이익 부진에도 비이자이익, 대손비용 효과로 순이익은 유지

2025년 대출 성장이 둔화되고, NIM 하락 추세가 지속됨에 따라 은행들의 이자이익은 약화될 전망이다. 장단기 금리차가 확대되고, 장기물 예금비중이 높아 조달금리 Repricing에 시간이 소요될 것으로 보여 2025년 NIM의 하락 추세는 지속될 것으로 예상된다. 하지만 완만한 기준금리 인하 속도, 시장금리가 기준금리 하락을 상당 부분 선반영하고 있다는 점, 가계대출 관리를 위해 과도한 대출금리 인하는 어렵다는 점 등을 감안하면, NIM의 하락 속도는 완만할 것으로 전망된다.

이자이익이 부진한 반면, 비이자이익은 2024년 대비 개선될 것으로 기대된다. 금리 인하로 투자 수요가 확대되는 환경에서 ETF 및 채권형 펀드의 고성장이 계속되고, 방카와 신탁 판매도 성장을 지속할 전망이다. 이에 자산관리 수수료의 견조한 성장이 기대되며, 환율 하락에 따른 외환환산평가익 증가가 더해져 비이자이익은 개선될 전망이다. 대손비용은 감소할 것으로 예상된다. 금리하락으로 인한 신용위험이 완화되고, 대손충당금 적립률이 코로나19 이전 대비 높은 수준을 유지 중인 점, 담보 및 보증 대출 비중이 높다는 점 등을 감안한다면, 건전성 지표와 대손비용은 2024년 대비 개선될 가능성이 높다.

이자이익의 감소폭이 크지 않은 데다, 비이자이익 개선 및 대손비용 감소 효과 등을 종합하면 은행들의 순이익은 2024년과 비슷한 수준에서 유지될 것으로 기대된다. 여기에 더해 주요 은행들의 밸류업 정책 시행으로 주주환원이 강화됨에 따른 자본 감소 효과, 즉 분모 효과로 ROE 지표는 소폭 개선될 여지가 있다.

## 정기예금 보다 저원가성예금으로 자금 유입 확대

금리 인하 사이클에 본격 진입함에 따라 2025년 전반적인 시중 유동성 회복 흐름은 지속될 것으로 예상된다. 은행 예금의 경우, 금리 고점인식에 따른 막판 수요로 증가했던 정기예금은 금리인하로 증가세가 둔화될 것으로 전망된다. 반면 주택 및 주식시장 회복에 대한 기대감으로 투자 대기자금이 증가하고, 기업들의 실적 개선에 따른 단기자금 수요가 증가할 것으로 예상되어 저원가성 예금으로 자금 유입이 확대될 것으로 보인다. 이는 금리 인하기의 전형적인 수신 변화 흐름이며, 2025년은 그 추세가 시작되는 해가 될 것으로 전망한다. 다만 자금 이동의 규모는 크지 않을 전망이다. 대규모 자금 이동을 촉발할 정도의 금리 수준까지 낮아지긴 어려울 것으로 예상된다.

## 규제 부담과 경쟁 압력은 증가할 전망

완화적인 금융 환경 속에서 은행들의 규제 부담과 경쟁 압력은 증가할 전망이다. 누적된 가계부채에 대한 당국의 높은 우려 속에서 2025년에도 은행 가계대출에 대한 양적·질적 관리가 강도 높은 수준에서 지속될 것으로 예상된다. 2025년 예정되어 있는 스트레스 DSR 3단계 시행 또한 대출 한도를 상당 폭 감소시킬 것으로 예상된다. 또한 은행들의 손실흡수능력 제고를 위한 자본 적립 의무가 강화되면서 자본 비율 준수 및 RWA 관리 부담이 가중될 전망이다. 특히 2025년에는 금융지주사들의 밸류업 정책 시행이 시작되는 만큼 금융지주계 은행들의 부담은 더욱 커질 것이다. 책무구조도 시행으로 은행들의 내부통제 관리 의무가 강화됨에 따라 인원 및 인프라 보강 등 제반 비용이 증가될 수 있다.

2024년 은행들은 대출 규모에서 견조한 성장을 바탕으로 순이자마진(NIM)하락에도 전년대비 높은 순이익을 기록 중이다. [사진 게티이미지뱅크]

경쟁 측면에서도 제4 인터넷전문은행 도입과 더불어 중소법인 및 개인사업자 부문에서의 은행간 경쟁이 심화될 것으로 예상된다. 한편 2025년 중 시행될 망분리 규제 완화와 마이데이터 2.0 시행에 따라 은행들은 AI, 데이터 활용을 통한 생산성 증대와 금융서비스 혁신 노력을 강화 할 전망이다.

요약하자면, 2025년 은행업은 지표로 드러나는 변화의 총량이 2024년과 크게 다르지 않을 수 있다. 하지만 세부 내용을 들여다보았을 때, 대출 부문, 이익 부문, 비용, 수신 등 많은 하위 요소들의 방향성이 바뀌는 한 해가 될 것이다. E

강달러·짠물 배당…국내 증시 부진
# 투자자 잡기 위한 두 가지 방안

**홍춘욱**
프리즘투자자문 대표

다양한 글로벌 기업
분석 정보를 제공함으로써,
투자자들의 성향에 부합하는
포트폴리오를 구성할 수 있도록
유도할 필요가 있다.
이런 면에서 최근
미국 배당주 ETF에 대한 투자 열기는
긍정적인 면이 있다고
생각된다.

**지난 1년 동안 각국 금융시장의 성과를 비교해 보면 한국증시의 부진이 유난히 두드러지는 것을 발견할 수 있다.** 2024년 각국의 주가 상승률을 비교해 보면 2023년 말에 비해 미국 19.62%, 일본 14.6%, 신흥시장이 12.6% 상승한 것으로 나타난다. 반면 한국 KOSPI는 -3.7% 그리고 MSCI Korea 지수는 -7.2%를 기록했다.

　국내 시장의 부진이 지속되는 가운데 개미투자자들도 점점 해외 시장으로 떠나는 분위기다. 2024년 11월 7일 기준, 국내 투자자가 보유한 미국 주식의 가치가 처음으로 1000억 달러를 넘어설 정도이니 말이다. 왜 이런 일이 생겼고, 또 앞으로 증권업계가 어떤 대응을 해야 할지에 대해 자세히 살펴보자.

## 국내 증시 부진의 첫 번째 이유 '달러 강세'

한국증시가 부진한 모습을 보인 가장 직접적인 이유는 달러 강세로 인한 외국인 주식 투자자들의 매도 공세 때문이다.

　미국 달러 가치가 상승할 때마다 외국인 매도가 출현하는 것을 발견할 수 있다. 이런 현상이 반복되는 이유는 외국인 투자자들의 성과 평가가 '달러 기준'이기 때문이다. 글로벌 주식시장에 분산투자 하

**달러 가치와 외국인 주식투자 흐름**　　　　　　　　　　　　　　　　　　　(단위:억 달러)

달러 가치(좌축)　　　　외국인 주식 투자(누적, 우축)

자료:세인트루이스 연방준비은행(연은), 한국은행, 프리즘투자자문

는 입장에서 각국의 로컬 통화(한국의 원 등) 기준으로 주가가 움직이는 건 그리 중요하지 않다. 달러는 기축통화로 자산의 가치를 재는 '척도' 기능을 한다는 것을 잊지 말자. 우리나라에서는 기축통화의 '가치저장' 기능에 주목하지만, 아직도 백만장자(millionaire)라는 표현이 세계적으로 널리 사용되는 등 달러로 각종 지표를 측정하는 게 일반적이다. 따라서 달러 강세가 촉발될 때 한국 등 신흥시장은 부진한 모습을 보일 가능성이 높아진다.

## 두 번째는 '짠물 배당'

한국증시가 부진의 늪에 빠진 두 번째 이유는 '주주경시경영' 문제 때문이다. 고려아연의 적대적 인수·합병(M&A), 그리고 두산밥캣과 두산로보틱스의 합병 추진 등 수많은 사건을 떠올리는 독자들이 많으리라 생각된다. 대주주의 독단적인 의사결정 못지않게 심각한 문제는 주주에 대한 보상이 턱없이 적다는 것이다.

아래 그래프는 2000년 이후 회사채 수익률과 배당수익률의 추세를 보여주는데, 금리의 변화에 상관없이 배당수익률이 1%대를 유지하는 것을 발견할 수 있다. 유일한 예외는 2008년인데, 이때는 배당

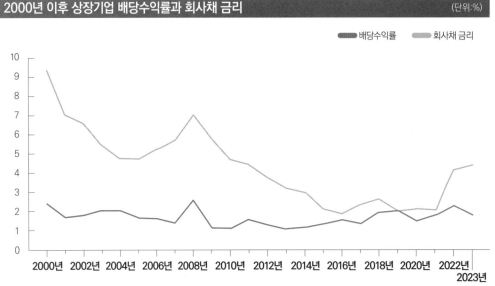

자료:세인트루이스 연방준비은행(연은), 한국은행, 프리즘투자자문

수익률의 분모에 해당되는 주가가 급락한 탓이라고 보아야 할 것이다. 1996년 기사를 보면, 세계의 주요 주식시장 36군데 중에서 배당수익률을 기준으로 하면 한국이 33위에 그쳤다는 내용이 있다. 세계 최저 수준의 배당수익률은 예나 지금이나 변화가 없었던 셈이다.

배당수익률이 낮으면 어떤 문제가 생길까? 여러 문제가 있지만, 가장 큰 문제는 투자자들 입장에서 기업의 이익이 늘어나고 성장하는 게 '나와 무슨 상관인가'라는 의문을 갖기 쉽다는 것이다. 빠르게 성장하고 또 시장점유율을 높이는 기업의 주가가 상승하는 이유는 결국 '기업의 성장이 주가의 상승으로 연결'될 것이라는 믿음 때문이 아닐까? 그런데 이익이 늘어나더라도 배당에 인색하다면? 이 회사에 투자하는 사람들 입장에서 기업의 장기적인 성장 가능성에 대한 관심이 낮을 것이며, 시장에서 부각되는 테마와 이 회사가 조금이라도 연관이 있는지 등에 대해 더 관심이 늘어날 것이다.

이뿐만 아니라, 배당은 주식시장이 붕괴될 때 '저가매수'의 기반을 제공한다. 예를 들어 A 기업의 주가가 1만 원이고 연간 200원의 배당을 지급한다고 가정해 보자. A 기업 주식의 배당수익률은 2%다. 그런데 만일 투자자들이 A 기업이 불황이 오더라도 200원의 배당을 유지할 것이라고 가정한다면, 주가 폭락은 저가매수의 기회로 활용될 것이다. 왜냐하면 A 기업 주가가 5000원으로 떨어질 때, 배당수익률은 무려 4%에 이를 것이기 때문이다. 이 정도 배당수익률이면 웬만한 회사채 금리보다 높은 수준이며, 만일 여기서 주가가 더 빠지면 배당 투자의 매력은 더욱 높아질 것이다.

수년 전 모 기관에 근무하던 당시 '리스크 관리 위원회'에 불려간 적 있었다. 투자의 의사 결정을 담당하는 최고 책임자가 다음과 같이 물었다. "홍 박사, 이 주식을 왜 샀어요? 주가가 계속 빠지는데 말입니다." 이에 대해 다음과 같이 답했다. "이 회사는 안정적인 배당을 지급하는 기업이기에, 주가가 빠질수록 배당수익률이 높아집니다. 장기투자기관으로서, 배당을 지급하는 우량기업의 주가가 폭락할 때 매수하는 게 맞다고 봅니다."

이 말을 들은 상사는 이 주식에 대해 더 거론하지 않았다. 그런데 이 기업이 배당을 전혀 지급하지 않거나 혹은 배당을 자주 중단한 기업이었다면 어땠을까? 아마 투자 실패에 대해 질책하고, 손절매(loss-cut), 즉 주가의 비정상적인 급락에 대응해 매도로 대응하라는 지시를 받았을지도 모른다. 이게 배당의 힘이다. 연기금 같은 장기투자자들은 세제혜택을 누릴 수 있기에 배당을 지급하는 기업에 장기투자하고 배당을 재투자함으로써 복리 성과를 누리려는 인센티브를 가진다.

결국 한국 기업의 인색한 배당은 주식시장의 변동성을 높이는 가장 결정적 요소라 할 수 있다. 투자자들이 기업의 '장기적 성과'에 대해 무관심하게 만드는 데다, 연기금 등 장기투자자의 저가매수를 억

한국증시가 부진한 단기 요인은 트럼프 2기 행정부의 경제정책 방향에 따라 얼마든지 달라질 여지가 있지만, 장기 요인은 앞으로도 변화하기 힘들 것으로 판단된다.
[사진 게티이미지뱅크]

제하는 요인으로 작용하기 때문이다.

## 증권업계의 대응 방안

이상의 분석을 통해 한국증시가 부진한 장기 및 단기 요인을 분석할 수 있었다. 단기 요인은 트럼프 2기 행정부의 경제정책 방향에 따라 얼마든지 달라질 여지가 있지만, 장기 요인은 앞으로도 변화하기 힘들 것으로 판단된다.

이 대목에서 한국 기업이 배당에 인색한 이유를 살펴보면, '미래에 대한 불안감'이 가장 큰 영향을 미치는 것 같다. 글로벌 수출 시장에서 중국이나 일본 같은 강력한 경쟁자를 제치고 승리하기 위해 한국 기업들은 대규모 투자를 단행해야 한다. 그런데 투자의 성과는 2~3년 뒤에나 드러날 뿐만 아니라 한 번 투자된 자본재의 대부분은 10년 이상의 기대 수명을 가진 내구재라는 특성을 지니고 있다. 따라서 한국 기업들은 투자에 한 번 실패하면 파산의 위험에 노출되고, 이게 극단적으로 나타난 사례가 바로 1997~1999년의 연쇄적인 대기업 집단 파산 사태다.

끝없는 투자 경쟁, 그리고 파산의 위험 앞에서 한국 기업들은 어떤 선택을 할까? 예상한 바와 같이, 배당을 통해 외부에 자금을 유출하기보다 기업 내부에 자금을 최대한 유보하려 노력한다. 1997년 한국 제조업의 부채비율은 396.3%에 이르렀지만, 2023년 75.9%까지 내려왔다. 그러나 이렇게 재무 여건이 건전해졌음에도 불구하고 기업의 성과는 안정적이지 않다. 예를 들어 매출액 대비 영업이익의 비율을 보면, 2017년 7.6%였던 것이 2023년에는 3.28%로 반토막 나고 말았다. 결국 최대한 보유 현금을 늘린 선택이 옳았던 셈이다.

따라서 한국 증권업계는 두 가지 대응 방안을 강구할 필요가 있다. 첫 번째는 수출 대기업에 대한 투자은행 업무를 강화해야 한다. 역대 한국 수출기업들은 최악의 타이밍에 공격적인 해외 기업 인수를 단행함으로써 큰 위험에 빠져들곤 했다. STX그룹의 대련조선소 인수 및 유럽의 아커야즈 인수는 치명적인 패착으로 작용해 결국 2016년 법정관리를 신청하고 말았음을 잊지 말아야 한다. 만일 국내 투자은행 업계가 면밀한 기업 분석을 제공하는 한편, 보다 안정적인 자금조달 구조를 제공할 능력을 가지고 있었다면 이런 비극은 벌어지지 않았을지도 모른다.

두 번째 대응 방안은 서학개미들에게 안정적인 포트폴리오를 제공하는 것이다. 한국증시에서 테마주에 치중하던 행태 그대로, 서학개미들도 레버리지 ETF(상장지수펀드) 위주의 투자를 이어가고 있는 중이다. 지금처럼 미 증시가 강세를 보일 때는 아무 문제가 없지만, 2022년처럼 시장의 변동성이 확대될 때에는 치명적인 악영향을 미칠 수 있다는 점을 잘 알릴 필요가 있다.

물론 홍보만으로 증권업계의 대응이 끝나서는 안 된다. 다양한 글로벌 기업 분석 정보를 제공함으로써 투자자들의 성향에 부합하는 포트폴리오를 구성할 수 있도록 유도할 필요가 있다. 이런 면에서 최근 미국 배당주 ETF에 대한 투자 열기는 긍정적인 면이 있다고 생각된다. 투자 기간이 길어지며 자연스럽게 자신의 투자 성향을 발견하고 또 개발하는 모습을 발견할 수 있기 때문이다.

물론 이 노력이 당장 효과를 거두기는 쉽지 않을 것으로 예상된다. 그러나 노력이 계속되는 가운데 약간의 운, 즉 순환적인 요인이 우호적으로 변화한다면 충분히 흐름을 바꿀 수 있을 것으로 기대해 본다. **ᴇ**

# CHAPTER 5

# 투자 가이드

국내주식

해외주식

국내펀드

해외펀드

가상자산

금융상품

연금

아파트·상가·오피스텔

재개발·재건축

**국내주식**

# "투자 고민 끝났다면 열차에 탑승
# 2025년 국내 증시에 집중"

**염승환**
LS증권 이사·연구원

지금은 지수보다
무엇을 투자하는 것이 좋을지를
고민하는 것이 필요하다.
한국증시의 하방은 단단하다.
증시가 상승할 때
시장을 주도할 업종과 기업이
무엇인지 고민하고
고민이 끝났다면
열차에 탑승하면 된다.

'모두가 파티에 참석해 흥겨운데 한국만 파티장 출입이 금지됐다.' 이 표현만큼 2024년 한국증시를 잘 표현한 단어가 있을까? 미국의 60번째 대선이 끝난 현재 미국 나스닥 지수는 연초 이후 29.67%, 니케이는 19%, VT(글로벌 증시 전체에 투자하는 상장지수펀드(ETF))는 18.92% 상승했다. 하지만 코스피는 3.19%, 코스닥은 14.17% 하락했다. 3년간 하락했던 홍콩 항셍지수도 20.97% 상승한 글로벌 강세장에서 한국만 소외된 것이다.

왜 그럴까? 이유는 여러 가지지만 두 가지가 핵심이다. 하나는 삼성전자와 LG에너지솔루션의 부진이다. 또 다른 하나는 금융투자소득세(금투세) 시행 우려다. 연초 이후 삼성전자는 27.11% 하락했고 LG에너지솔루션은 6.24% 하락했다. 나스닥을 대표하는 엔비디아는 199.79% 급등했고 테슬라는 28.45% 상승했다. 코스피에서 삼성전자와 LG에너지솔루션은 시가총액 1위와 3위이면서 산업 내에서 가장 비중이 큰 반도체와 2차전지를 대표하는 기업들이다. 이들의 합산 시가총액은 코스피 전체의 약 22%를 차지한다. 이들을 추종하는 반도체와 2차전지 기업들을 합산하면 전체의 약 35%를 차지한다. 삼성전자의 반도체 경쟁력 약화, LG에너지솔루션의 전기차 판매 부진에 따른 실적 악화로 인한 주가 하락은 코스피에 큰 충격을 줬다.

코스닥은 개인 비중이 80%를 상회하는 개인투자자들의 심리가 매우 중요한 시장이다. 그런데 2020년 제정된 금투세가 2년의 유예기간을 거쳐 2025년부터 시작될 예정이었다. 하반기가 되자 금투세 시행일은 다가오는데 다수당인 야당은 금투세를 예정대로 시행할 방침을 정했고 투자심리는 싸늘히 식어버렸다. 일평균 8조~10조 원대를 오가던 코스닥 거래 대금은 4조 원대까지 추락했고 개인투자자들은 미국 증시로 떠나버렸다.

## 트럼프 2기 불확실성에 국내 증시 하락

2024년 11월 5일 치러진 미국 대선에서 트럼프 후보가 60번째 대통령으로 선출됐다. 트럼프가 당선되자 즉각 미국증시는 사상 최고치를 경신했지만 한국증시는 오히려 뒷걸음질을 치면서 부진한 흐름을 이어가고 있다. 2018년 하반기부터 시작된 미중 관세 전쟁으로 한국의 수출은 감소하고 주식시장은 급락했던 트라우마를 투자자들은 기억하고 있기 때문에 트럼프 2기에 대한 불확실성에 한국증시는 좀처럼 힘을 쓰지 못하고 있는 것이다.

2024년 다른 국가들에 비해 최악의 한 해를 보냈던 국내증시는 트럼프 당선에 따른 미국 우선주의와 친환경 정책 후퇴, 보편적 관세 부과에 따른 고물가와 수출 경기 둔화 우려라는 파도를 다시 한번 맞닥뜨려야 한다. 2025년 출발부터 험난한 가시밭길이 예정되어 있는 것이다.

주가는 EPS×PER이다. EPS는 기업이익을 의미한다. EPS(주당순이익)와 PER(이익 대비 시가총액 배수)이 상승하면 주가는 상승한다는 의미이다. 기업이익은 매출에서 비용을 차감한 값이다. 이 값을 주식 수로 나누면 주당순이익(EPS)이 계산된다. 매출은 P(가격)×Q(수량)이다. 매출을 증가시키려면 가격을 올리거나 판매 수량을 늘리면 된다. 비용은 금리와 원자재 가격이 결정한다. 금리가 하락하고 유가가 하락하면 비용은 감소한다. 그럼 2025년 국내 상장 기업들의 EPS는 어떻게 될까?

일단 P(가격)는 상승할 가능성이 높다. 트럼프의 10% 보편 관세는 판매 가격을 올리는 요인이다. 인공지능(AI) 투자 증가에 따른 고대역폭 메모리(HBM) 가격은 꾸준히 상승할 가능성이 높고 범용 반도체도 2025년 하반기부터는 가격이 상승할 것이라는 전망이 우세하다. 선박 수요 증가 및 공급 부족에 따른 선박 가격도 상승세를 이어갈 가능성이 높다. 리튬 가격 급락으로 단가 하락이 컸던 2차전지도 리튬 가격 안정화에 따라 가격 하락이 멈출 가능성이 높다. 매출의 한 축인 가격은 크게 우려할 상황은 아니라고 판단한다.

Q(수량)는 다소 부진할 가능성이 높다. 트럼프의 10% 보편 관세로 인한 판매 가격 상승은 미국 소비자들의 소비 성향을 악화할 가능성이 높다. 미국으로 직접 수출하는 한국 제품 가격이 상승하기 때문에 미국 시장에서 미국 기업과의 경쟁에 불리할 수밖에 없다. 한국은 미국에 직접 제품을 수출하는 경우도 있지만 중국, 동남아 등에 있는 완제품 공장을 통해 중간재 형태로 미국에 간접 수출을 하는 경우도 있다. 미국은 중국에 60%의 고율 관세 부과를 예고하고 있다. 한국의 카메라 모듈 기업이 중국에 있는 애플 아이폰 조립공장에 카메라 모듈을 수출하고, 이를 조립해 아이폰을 미국에 수출한다고 생각해보자.

관세 60%가 부과된 아이폰의 가격은 상승할 것이 뻔하고 미국 소비자들의 지갑은 쉽게 열리지 않을 수 있다. 때문에 애플 아이폰 중국 공장에 수출하는 한국 부품사들은 줄어들 가능성이 높다. 이는 하나의 예시일 뿐이다. 이런 구조를 가진 많은 중간재 기업들이 타격을 받을 가능성이 크다.

하지만 미국의 금리 인하, 중국의 공격적인 경기 부양책, 유가 하락 등 원자재 가격 하락 등은 신흥국 소비에 긍정적인 요인이다. 미국이 금리를 1%포인트(p) 인하하면 6개월 내에 한국 수출은 0.6% 증가한다. 트럼프 관세 불확실성으로 판매 수량 성장은 예측이 어렵지만 신흥국 경기 회복에 따른 한국의 수출 증가는 기대할 만한 요인이다.

비용은 감소할 가능성이 높다. 금리와 유가를 비롯한 원자재 가격은 하향 안정 될 가능성이 높기 때문이다. 미국은 금리 인하 사이클에 본격적으로 진입했다. 미국 기준금리는 5.5%를 고점으로 2025년

3.5%까지 내려갈 것으로 미국 연방준비제도(Fed·연준)은 예고를 한 상태이다.

한국은행 역시 2024년 10월 금리 인하를 시작했다. 트럼프의 감세와 관세 부과로 금리가 상승할 것이라는 우려가 있지만, 이는 기우다. 대중국 관세 부과를 시작했던 2018년 하반기부터 2019년 상반기까지 미국의 10년물 국채금리는 3.2%에서 1.6%까지 급락했다. 관세 부과로 미국 경기는 둔화하였고, 금리는 오히려 하락한 것이다. 2025년 금리 방향은 아래쪽일 가능성이 높다.

## 미국 증시는 낙관 전망 우세

원자재 가격을 결정하는 가장 중요한 상품은 원유다. 유가는 구조적으로 공급과잉 상태로 갈 것이다. 이스라엘과 이란의 갈등은 지속될 가능성이 높지만 전면전은 하지 않고 있다. 중동 전쟁 위험은 변수가 아니라 이제 상수다. 전면전이 아닌 이상 유가에 영향을 주기 어려운 재료가 됐다. OPEC+는 2025년부터 감산 규모를 줄인다. 증산을 시작하는 것이다. 가이아나, 브라질 등 비OPEC 국가들은 원유 생산량을 계속 늘리고 있다. 미국은 원유 생산을 늘려서 에너지 가격을 낮추겠다는 공약을 들고 나온 트럼프가 대통령 됐다.

미국의 공급은 더 크게 증가할 가능성이 높다. 사우디의 글로벌 원유 생산 점유율이 9%까지 떨어졌다. 유가 100달러 목표는 이미 실패한 상황이다. 점유율 감소를 끝내기 위해 2025년 증산에 적극적일 가능성이 높다. 2025년 원유는 공급과잉으로 하락세를 보일 가능성이 높다. 유가 하락과 금리 하락은 비용을 줄이기에 긍정적이다.

2025년 국내 기업들의 매출은 트럼프 관세 정책에 따른 미국 소비 둔화 우려로 부진할 가능성이 있지만 과도한 우려는 지양할 필요가 있다. 골드만삭스는 트럼프가 대중국 관세를 20% 부과하겠지만 보편관세는 시행하지 않을 가능성이 높다고 전망했다. 보편관세 부과는 해외에서 제품을 수입하는 미국 유통회사와 소비자들이 큰 피해를 볼 가능성이 높다.

미국 우선주의를 주장하는 트럼프의 공약과는 어울리지 않는 결과가 도출될 확률이 높다. 부진했던 삼성전자의 매출도 회복될 가능성이 높다. AI 반도체 수요는 지속적으로 증가하고 있고 공급은 부족하다. AI 기능을 탑재한 온디바이스 AI 기기들이 많이 출시될 것이다. 이는 메모리 탑재량을 증가시켜 삼성전자 매출에 긍정적으로 작용할 것이다.

매출이 훼손되지 않는다면 기업이익은 증가할 가능성이 높다. 매출에서 비용을 차감한 값이 이익인데 비용을 결정하는 금리와 원자재 가격이 하락할 가능성이 높기 때문이다. 그리고 기업이익을 주식수로 나눈 값인 EPS는 더 증가할 가능성이 높다. 정부가 의지를 갖고 추진 중인 밸류업 프로그램의 취지 중 하나는 주주환원 증가이다. 주주환원을 대표하는 것은 자사주 매입 소각이다. 2024년 상반기에 시작한 밸류업 프로그램과 기업들의 주주환원 정책에 힘입어 2024년 상반기 국내 상장사들의 자사주 매입은 2조 3000억 원으로 전년 동기 대비 25% 증가했다. KT, 현대백화점, 현대차그룹, KT&G 등 국내 대표기업들의 주주환원 정책은 더욱 강화되고 있다. 이 기조는 2025년에도 지속될 가능성이 높다. 주주환원 증가는 분모인 주식 수를 줄여 주기 때문에 EPS 증가 요인이 된다.

그럼 PER은 어떻게 될까? PER은 이익 대비 시가총액 배수이다. PER이 높다는 것은 이익 대비 높은 점수를 받고 있다는 의미이다. 코스피의 PER은 8.7배 수준이다. S&P 500의 PER 22배를 상회한다. 미국 증시가 월등히 높은 PER을 받고 있다. PER의 크기를 결정하는 것은 위험에 대한 투자자들의 선호도이다.

미국증시는 트럼프가 당선되면서 법인세 인하 등 감세와 각종 규제완화 등으로 기업을 운영하기 좋은 환경이 펼쳐질 것이라는 낙관이 가득하다. 금리가 내려가면 투자자들은 예금보다는 주식 같은 위험자산을 선호하게 된다. 견고한 경기, 금리 인하 사이클 시작, 트럼프 당선 등으로 미국증시에 투자자들은 값비싼 돈을 지불하고 투자를 단행하고 있는 것이다.

반면 한국증시는 PER이 매우 낮다. 투자자들은 한국증시를 외면하고 있다. 2024년 상반기까지 23조 원을 순매수했던 외국인 투자자들은 하반기 들어 11월 8일까지 13조 원을 순매도했다. 개인투자자들도 한국을 떠나고 있다. 고객 예탁금은 60조 원에서 48조 원까지 감소했고 거래대금은 급감했다. 국내 투자자들의 미국 주식 보관액은 11월 7일 기준 1013억 6570만 달러를 기록했다. 2019년 84억 달러, 2023년 680억 달러에서 크게 증가한 것이다. 투자자들이 외면하는 증시는 상승하기가 쉽지 않다. PER이 낮을 수 밖에 없는 것이다.

물론, 그래서 한국증시는 매우 싸다. PER은 8.7배, 주가순자산비율(PBR)은 0.9배 수준이다. 과거와 비교해도 역대급으로 저평가된 상황이다. 그래서 2025년 한국 주식시장은 기회가 많다고 생각한다. 트럼프 리스크, 삼성전자 위기론, 매출 둔화 우려, 투자자 이탈 등은 이미 반영된 악재이다. 반면 중국의 적극적인 경기 부양, 금투세 폐지 결정, 기업들의 자사주 매입 및 소각 증가, 금리 인하 사이클과 유가의 구조적 하락 가능성, AI 수요 증가로 인한 반도체 수요 증가, 친환경 선박 수요 증가, 생물보안법 시행 가능성에 따른 중국 바이오 기업 규제 반사이익 등은 시장에 반영되지 않고 있다.

한국증시의 하방(하단 지지선)은 매우 단단하다. 2450포인트(PBR 0.3배, 과거 위기 시 코스피 최하단 PBR)를 최하단으로 예상하고 있기에 2600포인트 아래에 위치한 코스피는 매력적이다. 수출이 역성장세를 보이지 않는다면 2025년 기준 PBR 1배인 3000포인트를 향해 갈 것으로 전망한다. 한국은 과

거부터 수출 증가율이 +를 유지하면 PBR 1배까지는 상승하는 경향을 보여왔기 때문이다. 2550포인트 기준으로 하단은 -3.9%에 불과한 반면 상단은 +17.6%까지 열려 있다. 코스닥은 2년 연속 부진했던 적이 없다. 2024년 최악의 한 해를 보냈던 만큼 경험적으로 2025년은 + 수익을 낼 가능성이 높다.

개인투자자를 미국으로 떠나 보냈던 금투세도 민주당의 결정으로 폐지 가능성이 높아졌다. 주주가치를 제고하기 위한 상법 개정도 추진 중이다. 개인투자자들의 심리는 개선될 가능성이 높다. 이는 PER을 높여줄 요소이다. 삼성전자를 집중 매도했던 외국인들도 PBR 최하단까지 내려온 삼성전자에 대한 매도를 줄일 가능성이 높고 엔비디아에 HBM을 공급하는 데 성공한다면 언제든 순매수로 전환할 가능성이 높다.

## 미국 우선주의와 시대적 흐름 속 조선·바이오·방산주 주목

한국 증시의 추세적 상승은 여전히 쉽지 않은 상황이다. 하지만 박스권 하단부에서 한국증시 투자는 늘 성공했다. 2025년 2450~3000포인트틀 바라보는 박스권 흐름에서 2600포인트 이하에서의 투자는 성공 가능성이 높다고 생각한다. 그렇다면 국내 산업 중 어디에 투자를 하면 좋을까? 트럼프가 알려주는 정답지가 있고, 트럼프와 관련 없는 정답지가 있다.

트럼프가 알려주는 정답지는 미국 우선주의에도 한국 제품을 선택할 수밖에 없는 산업이다. 대표적인 산업이 조선, 화장품 제조자개발생산(ODM, 중국 ODM 공장 보유 기업 제외), HBM, 대용량저장장치(ESS), 바이오 위탁생산(CMO), 전장부품, 변압기, 우주항공 등이다. 트럼프는 당선되자 마자 윤석열 대통령에게 전화를 걸어 "한국 조선업의 도움이 필요하다"고 요청했다. 트럼프와 미국이 추진하는 사업에 필요하지만 그들이 못하는 것을 제조해 주는 산업이 정답이 될 것이다.

트럼프와 관련 없는 정답지는 시대적 흐름에 속해 있는 산업이다. 고령화로 인한 피부미용과 제약 수요 증가, 가성비 트렌드에 적합한 한국 인디브랜드 화장품과 라면, 탈세계화로 인해 수출이 증가하고 있는 한국 방산, 데이터센터 전력 수요 증가로 인한 원전과 천연가스 발전, 유튜브 시청 시간 증가에 따른 유튜브 쇼핑 관련 산업 및 AI 활용 증가에 따른 AI 소프트웨어 산업 등이 이에 해당된다.

지금은 지수보다 무엇을 투자하는 것이 좋을지를 고민하는 것이 필요하다. 한국증시의 하방은 단단하다. 증시가 상승할 때 시장을 주도할 업종과 기업이 무엇인지 고민하고 고민이 끝났다면 열차에 탑승하면 된다. 트럼프에 대한 공포는 과장됐다. 트럼프 재임 시절 한국증시는 47%나 상승했다. 글로벌 경기가 훼손되어 수출이 역성장하는 상황만 아니라면 2025년은 국내 증시에 투자를 해야 하는 시기이다. E

투자는 장기적으로 접근
# "지식·기술 적극 활용해야"

**박세익**
체슬리투자자문 대표

최초 포트폴리오를 구성할 때
최소 6개월에서 1년 후를 바라보고
구성하는 편이 좋다.
미국시장이 장기적으로 우상향하지만
단기 변동성이 심할 때도 있기 때문에
확신의 정도에 따라
목표 비중을 정하고 포트폴리오를
구성하는 것이 좋다.

**한국예탁결제원이 관리하는 국내 투자자의 외화증권(외화주식+외화채권) 보관금액은 2024년 9월 말 기준으로 1379억 4000달러(한화 약 189조 원)에 이른다.** 그리고 2024년 3분기에 결제된 금액은 1746억 7000달러(약 240조 원)였다. 이는 바로 직전 분기 대비 무려 37.5%나 증가한 수치다. 이 중 미국이 전체 결제금액의 82.1%로 비중이 가장 높게 나타나는데, 특히 외화주식거래만 따로 분류할 경우 미국은 전체 결제규모의 96.4%를 차지한다. 이는 한마디로 우리나라 해외주식 투자자들 대부분은 '미국주식'을 매매하고 있다는 뜻이다. 이런 사실이 그다지 놀랍지 않은 이유는 전 세계 주식시장을 100으로 볼 때 모건스탠리캐피탈인터내셔널(MSCI) 기준으로 미국이 64%, 유럽(영국 제외) 11%, 신흥국 10%, 일본 5% 정도의 비중을 차지한다. 따라서 해외주식 투자를 고려할 때 미국주식은 0순위로 고려된다.

통상적으로 미국주식시장은 장기적으로 우상향하는 시장이다. 물론 1987년 블랙먼데이, 2000년대 초 닷컴버블, 2008년 금융위기, 2020년 팬데믹 사태 등 큰 변동성을 일으키는 이벤트가 있었지만 최근 30년간 S&P500의 연평균 수익률은 10.9%(배당 재투자 감안)다. 20년간 연평균 수익률은 10.3%이고 10년간 연평균은 13%에 달한다. 물론 과거 성과가 미래를 보장하지는 않는다. 그러나 미국시장의 역사를 감안할 때 개인투자자 입장에서는 시간만 충분히 주어진다면 S&P500을 추종하는 펀드나 상장지수펀드(ETF)에 투자하는 것도 꽤 괜찮은 투자의사결정이 될 것이다.

좀 더 많은 리스크를 감수하고 개별 주식에 투자하고자 할 때는 시간과 노력이 필요하다. 미국주식시장에 상장된 종목 수는 뉴욕증권거래소와 나스닥 시장을 합해 약 5000개가 넘는다. 시황, 섹터, 종목, 포트폴리오 등 어디서부터 시작해야 할지 처음에는 엄두가 나지 않는다. 더구나 미국기업들은 지리적 접근성이 어려울 뿐 아니라 언어의 차이 등으로 투자에 필요한 정보를 어디에서 찾아야 할지 막막할 것이다. 이에 미국주식 투자 시 감안해야 할 7가지 사항을 선정해 보았다.

### 첫째, 매크로분석보다는 업황, 종목 분석에 집중하자.

유튜브 등 각종 매체에서는 매일 발표되는 경제지표를 설명한다. 주식투자는 기업에 투자하는 것이다. S&P500지수는 미국에서 제일 잘 나가는 기업들 500개를 모아서 만든 지수다. S&P500지수에 편입되기 위해서는 시가총액이 최소 10조 원은 넘어야 하는 만큼 선택받은 기업들이라 할 수 있다. 반면 경제지표는 가계, 기업, 정부 등 각 경제주체를 포함한 전반적인 경기 상황을 반영한다.

기업 간 개인 간 체감하는 경기는 다르다. 획일화돼서 표현되는 경제지표를 투자에 적용하는 것은 무리가 있을 수 있다. 또한 GDP(국내총생산), 소비, 물가, 고용 등과 같은 경제지표는 국경을 기준으로 작성된 것이고 S&P500 기업들의 해외매출은 40%가 넘는다. 기업들의 해외매출은 GDP에는 반영되지 않고 기업들의 실적에 반영된다.

따라서 기업의 지분인 주식에 투자하는 입장에서는 경제지표보다는 기업들의 실적이 훨씬 더 중요하고 실적에 영향을 주는 업황 및 기업의 경쟁우위의 지속성을 살펴보는 것이 중요하다. 결국 탄탄한 경쟁우위를 유지하면서 실적이 증가하는 기업들로 관심을 집중할 필요가 있다.

## 둘째, S&P500 시총상위 종목 20개 정도는 분기별로 실적을 업데이트하자

어떤 기업, 어떤 업종부터 봐야 할까? 투자자별로 관심사가 다르겠지만 S&P500의 시가총액 상위 20위 기업들을 관심종목으로 등록해 두고 보는 것을 권한다. 그중에는 애플, 엔비디아, 마이크로소프트 등 정보기술(IT) 업종부터 코스트코 등 필수소비재 업종에 이르기까지 익숙한 이름들이 있다. S&P500을 총 11개의 업종으로 분류할 때 IT, 커뮤니케이션 서비스, 건강관리, 자유소비재, 금융업종이 75%를 차지한다. 그리고 상위 20개 종목의 비중은 S&P500에서 약 45%에 달한다. 따라서 상위 20개 종목이 핵심 업종 중 대표성을 가지고 있다. 각 업종의 대표성을 가진 기업들을 추적하다 보면 기업의 역사와 더불어 왜 시가총액 상위 기업에 오르게 되었는지 이해하게 될 것이다.

2024년 S&P500 지수는 연초 이후 22%(10월 25일 기준) 상승했다. 시가총액 상위 20위 종목들은 평균 36% 상승했다. 대표기업들의 분기별 실적과 해당 기업 최고경영자(CEO)들의 코멘트를 반복적으로 점검하다 보면 기업 및 업황의 방향성을 어느 정도 짐작할 수 있게 되고 확신의 강도를 높일 수 있을 것이다.

## 셋째, 장기적인 관점에서 포트폴리오를 구성하자

최종 목표는 포트폴리오의 구성이다. 포트폴리오 내 종목과 비중의 선정은 투자자들의 경험, 역량, 성향 등에 따라 천차만별일 것이고 정답이 있는 것도 아니다. 다만, 최초 포트폴리오를 구성할 때 최소 6개월에서 1년 후를 바라보고 구성하는 편이 좋다. 미국시장이 장기적으로 우상향하지만 단기 변동성이 심할 때도 있기 때문에 확신의 정도에 따라 목표 비중을 정하고 포트폴리오를 구성하는 것이 좋다. 심지어는 기초체력이 강한 기업들도 팬데믹(감염병 대유행) 사태에 직면하거나 극단적인 연방준비제도(Fed·연준)의 통화정책 앞에서는 급락하는 사례들도 있다.

외부 변수에 시장이 흔들리고 종목들의 변동성이 커질 때 시세에 휘둘려 뇌동매매를 하기 쉽고 장기적으로 원하는 성과를 내기 어렵다. 변동성이 극심할 때 초기 투자포인트가 훼손됐는지, 업황의 방향성이 꺾였는지, 기업의 경쟁우위에 이슈가 있는지를 살펴보면서 인내하거나 오히려 공포에 매수할 수 있는 용기를 가질 수 있다면 장기적으로 좋은 성과를 이루는 데 유효할 것이다. 비유를 하자면 배를 탔을 때 바로 배 앞을 바라보면 어지러워서 멀미가 나지만 가고자 하는 섬을 바라보고 가면 편안하게 갈 수 있을 것이다.

## 넷째, ETF를 공부하자

포트폴리오 구성과 종목 대응에 어려움이 있는 투자자들을 위한 좋은 금융상품이 바로 상장지수펀드(ETF)다. ETF는 쉽게 말해 실시간으로 거래할 수 있는 펀드다. 이를테면 State Street 운용사에서 만든 SPY는 S&P500지수를 추종하도록 설계되어 있다. 그뿐만 아니라 미국시장에는 각 섹터 ETF뿐 아니라 지수는 물론 종목을 추종하는 레버리지 ETF도 있다. 그 밖에 금, 가상화폐를 기초자산으로 하는 ETF도 있고 최근 추세는 마치 액티브 펀드처럼 운용되는 액티브 ETF도 증가하는 추세다.

다만, ETF를 선택해서 투자할 때 너무 시류에 편승해서 투자하는 것은 지양하는 편이 낫다. 일명 돈나무 언니로 유명했던 캐시우드가 CEO로 있는 아크 인베스트(ARK invest)에서 최전성기에 설정했던 ETF들은 대체로 50% 내외의 고점대비 하락률을 보이면서 거의 4년이 되도록 아직까지 전고점을 회복하지 못하고 있다. 따라서 경험적으로 테마 위주의 액티브 펀드는 정교한 매매 스킬이 필요한 반면, 장기적으로 보유하기에는 지수 ETF가 적합해 보인다.

## 다섯째, 환율이 투자를 결정하는 데 중요한 변수가 아닐 수 있다

높은 환율로 인해서 미국주식 투자를 망설이는 투자자들이 의외로 많다. 일견 이해가 된다. 미국투자를 비롯한 해외투자의 총 수익률은 해당 자산의 상승률과 환율의 변동분이다. 가장 좋은 케이스는 해외자산가격도 상승하고 환율도 상승하면서 가격상승분과 환차익을 동시에 취하는 것이겠지만 역으로 해외자산가격은 상승했지만 환율이 하락하면 환손실이 주가 상승분을 상쇄하게 되어 전체 성과는 감소한다.

그런데 조금 길게 생각해 보면 그래도 미국주식에 장기투자 시 환율에 대한 우려는 내려놔도 될 것 같다. 이유는 간단하다. 우리나라 환율은 최근 10년간 대략 1100원~1400원대 수준에서 등락을 거듭해왔다. 물론 더 거슬러 올라가면 1000원 미만에서 거래되던 때도 있기는 했다. 하지만 최근 금리환경,

| 일련번호 | 섹터 | 티커 | 기업 | 시총($B) | 주가($) | 연초이후 수익률(%) |
|---|---|---|---|---|---|---|
| | | | **S&P500 상위 20종목** | | | (단위: 억 원, %) |
| 1 | IT | NVDA | NVIDIA CORP | 3,572 | 145.6 | 194.0 |
| 2 | IT | AAPL | APPLE INC | 3,367 | 222.7 | 15.7 |
| 3 | IT | MSFT | MICROSOFT CORP | 3,124 | 420.2 | 11.7 |
| 4 | 자유소비재 | AMZN | AMAZON.COM INC | 2,178 | 207.1 | 36.3 |
| 5 | 커뮤니케이션서비스 | GOOGL | ALPHABET INC-CL A | 2,172 | 176.5 | 26.4 |
| | | GOOG | ALPHABET INC-CL C | 2,172 | 178.3 | 26.5 |
| 6 | 커뮤니케이션서비스 | META | META PLATFORMS INC-CLASS A | 1,445 | 572.1 | 61.6 |
| 7 | 금융 | BRK/B | BERKSHIRE HATHAWAY INC-CL B | 1,011 | 468.9 | 31.5 |
| 8 | 자유소비재 | TSLA | TESLA INC | 926 | 288.5 | 16.1 |
| 9 | IT | AVGO | BROADCOM INC | 839 | 179.6 | 60.9 |
| 10 | 건강관리 | LLY | ELI LILLY & CO | 737 | 776.4 | 33.2 |
| 11 | 금융 | JPM | JPMORGAN CHASE & CO | 696 | 247.1 | 45.2 |
| 12 | 필수소비재 | WMT | WALMART INC | 671 | 83.4 | 58.8 |
| 13 | 금융 | V | VISA INC-CLASS A SHARES | 623 | 307.4 | 18.1 |
| 14 | 건강관리 | UNH | UNITEDHEALTH GROUP INC | 549 | 596.7 | 13.3 |
| 15 | 에너지 | XOM | EXXON MOBIL CORP | 532 | 121.0 | 21.0 |
| 16 | IT | ORCL | ORACLE CORP | 502 | 181.2 | 71.9 |
| 17 | 금융 | MA | MASTERCARD INC - A | 478 | 521.1 | 22.2 |
| 18 | 필수소비재 | COST | COSTCO WHOLESALE CORP | 398 | 899.3 | 36.2 |
| 19 | 자유소비재 | HD | HOME DEPOT INC | 386 | 388.4 | 12.1 |
| 20 | 건강관리 | JNJ | JOHNSON & JOHNSON | 380 | 157.9 | 0.7 |
| **평균** | | | | | | **38.7** |

*2024년 11월 6일 종가 기준                                     자료:블룸버그, 체슬리투자자문

국가 및 기업 경쟁력 등을 감안 시 우리나라뿐 아니라 대부분 국가가 달러 대비 자국통화 약세를 경험하고 있다. 그렇다면 최근 10년간 환율의 중간값인 1250원을 기준으로 상하 10% 내외의 변동성은 인정해야 할 것 같다.

따라서 10년 이상의 투자기간을 설정해 놓고 미국주식에 투자한다면 연간 10% 내외의 미국주식의 총투자수익률을 감안 시 10년간 20% 내외의 원달러 환율 변동성은 감내할 수 있는 수준으로 판단된다.

## 여섯째, 빈번한 매매는 세금으로 인해 장기성과를 훼손한다

해외투자시 통제할 수 없는 제약요건은 세금이다. 국내투자자는 대략 매매차익에 대한 20% 내외의 세금을 내야 한다. 아주 이론적이지만 단순한 사례를 통해 증명해 보자. 편의상 투자원금은 1억, 미국에 투사했을 때 연간 기대수익률은 10%, 세율은 20%로 가정해 보자.

투자자 A는 10년 동안 매년 10%의 수익을 실현하고 세금을 내고 나머지를 재투자하기로 하고, 투자자 B는 10년 동안 연간 10%의 수익을 실현하지 않고 투자기간 10년이 끝났을 때 세금을 내기로 한다. 세율은 20%다.

투자자 A가 얻을 수 있는 실현수익률은 세금을 제외하고 8%이므로 10년 투자기간이 끝난 후에는 원금 1억 원이 약 2억 1600만 원이 되어 있을 것이다. 반면 투자자 B는 투자기간이 끝난 후 한 번에 세금을 낸다고 가정하면 원금 1억 원이 2억 2700만 원이 된다. 극단적인 가정이기는 하지만 세금 이슈로 인한 거래 비용에 주의할 필요가 있다.

## 마지막으로 AI와 각종 매체를 적극 활용하자

정보의 홍수다. 그리고 정보의 유통 속도도 상당히 빠르다. 유튜브, 텔레그램, 카카오톡 그리고 각종 미디어 등 하루에도 수많은 정보가 생산되고 유통된다. 최근에는 인공지능(AI)이 진화하면서 텍스트, 이미지, 음성 등 다양한 데이터를 처리할 수 있는 멀티모달(Multimodal)이 가능해졌다.

미국주식에 투자하는데 영어를 잘하면 좋겠지만 굳이 못하더라도 AI 번역 기능으로 얼마든지 실적 발표 자료나 외신을 무리없이 보는 것이 가능해졌다. 유튜브 검색을 통해 각 업계 전문가들의 목소리를 들을 수 있는 기회도 누릴 수 있다. 예전에는 낯선 전문 용어를 검색해서 선택적으로 봐야 했다면 지금은 챗(Chat)Gpt에서 물어보기만 하면 취합해서 요약해 준다. 물론 실시간으로 정보를 업데이트하는 데는 제약이 있지만 계속 진화 중이다. 의지만 있으면 큰 제약 없이 문제해결을 할 수 있고 자기주도학습이 가능하다. 공개된 데이터를 취합해 유용한 정보로 만들어 투자에 활용하는 것도 능력인 시대가 됐다.

전통산업에서는 노동력과 자본을 투입해서 생산을 늘리려 할 때 일정 시점부터는 추가적인 생산량이 줄어드는 경향이 있다. 하지만 지식과 기술 기반의 산업에서는 지식과 기술이 더 많은 사람에게 공유되며 가치가 증대된다. 이것을 2025년 해외주식 투자에도 꾸준히 적용해 보면 소기의 성과를 이룰 것으로 본다. **E**

# "국내 금융 펀드,
# 방위산업·AI 미래 발전 가능성 내다봐야"

**김대종**
세종대 경영학부 교수

2025년 인공지능을
도입한 기업은 살아남겠지만
도입하지 못한 기업들은 도태될 것이다.
인공지능 분야는 향후 10년 이상
계속 성장할 것으로 보인다.
주가는 기업 미래 가치를
선제적으로 반영한다.
따라서 미래 발전 가능성이
높은 분야와 업종 그리고 펀드를
선정해야 한다.

**국내 금융시장 펀드는 방위산업과 인공지능(AI) 펀드 등 선별적으로 성장할 것이다.** 2024년 기준 국내 펀드 총 규모는 1052조 원이다. 이 중 사모펀드가 635조 원, 공모펀드는 417조 원이다. 국내 펀드시장에서 사모펀드는 메자닌, 선물옵션, 부동산펀드, 대체펀드 등으로 구성돼 있다. 주식형 액티브 펀드는 총 13조 원 정도 된다. 고액 자산가 사모펀드는 일반투자, 상장지수펀드 등으로 구성돼 있다.

국내 금융시장을 보면 금융자산 전체 금액은 5233조 원이다. 현금 46%, 주식과 펀드 22%, 보험과 연금 28%다. 이와 같이 국내 전체 금융자산 중 1000조 원, 즉, 22%가 주식펀드로 이루어져 있다. 주식시장에서 주가의 정의는 미래의 현금흐름을 현재 가치화한 것이다. 전체 금융펀드 중에서 성장 가능성이 높은 분야는 AI 반도체, 방위산업 분야로 여기서 수익이 발생할 것이다.

개인들도 성장 가능성이 있고 발전 가능성이 높은 펀드 위주로 집중 투자해야 한다. 2024년 미국 S&P가 23% 성장했다. 일본과 대만도 20% 정도 성장했다. 그러나 한국 종합주가지수는 −8%를 기록했다. 한국의 종합주가지수는 내렸지만 일부 특정 펀드와 방위산업 펀드 등 일부 펀드에서는 큰 수익률이 발생했다. 따라서 개인들이 펀드투자에 있어서 발전 가능성이 있고 성장하는 산업을 잘 골라야 한다.

앞에서 지적한 것처럼 주가의 정의는 미래의 현금흐름을 현재 가치화한 것이다. 기업 이익이 발생해야 주가는 성장한다. 주식은 경기의 6개월 선행지수다. 경기를 6개월 선행해서 주가에 반영된다. 우리는 6개월 뒤 또는 1년 뒤 지속적으로 성장하고 발전 가능성이 높은 산업을 예측해야 한다.

2025년에도 우크라이나 전쟁, 이스라엘 전쟁은 지속될 것이다. 방위산업은 평화산업으로 대변되며 지속적으로 성장할 것이다. 2025년 대한민국 방위산업 수주금액은 미국에 이어 세계 2위다. 한화에어로스페이스, LIG넥스원, 현대로템 등 방위산업체 주가와 펀드는 계속 성장하고 있다. 전쟁이 종식되더라도 앞으로 재래식 무기인 방위산업은 성장할 것이다.

## 인공지능 반도체 시장 성장 가능성 높아

국내에서는 반도체 시장이 큰 이슈다. 미국 엔비디아, 대만 TSMC, SK하이닉스가 인공지능 반도체를 주도하고 있다. 삼성전자는 고내역폭메모리(HBM) 인공지능 반도체 품질 테스트 중이다. 2009년부터 SK하이닉스가 HBM 반도체에 집중 투자하고 혁신을 했지만 삼성은 늦었다. 삼성은 메모리 분야 전 세계시장 50%, 비메모리 분야 11%를 차지한다. 종합 반도체 기업으로 경쟁기업의 설계도와 노하우 유출을 이유로 비메모리 시장의 점유율이 17%에서 11%로 떨어졌다.

반면에 SK하이닉스는 HBM 반도체 등 인공지능 반도체에 집중 투자 하면서 2분기 순이익이 7조

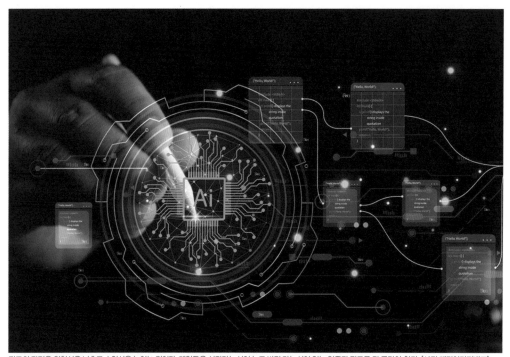

펀드의 장점은 위험성은 낮추고 수익성을 높이는 것이다. 개인들은 성장가능성이 높고 발전 가능성이 있는 업종과 펀드를 잘 골라야 한다. [사진 게티이미지뱅크]

원이다. 삼성전자 4조 원보다 더 크다. 국내 펀드시장은 한국이 경쟁력을 가지고 있는 배터리, 반도체, 방위산업 그리고 K-팝 등이 2025년에도 크게 성장할 것이다.

펀드의 장점은 위험성은 낮추고 수익성을 높이는 것이다. 개인들은 성장 가능성이 높고 발전 가능성이 있는 업종과 펀드를 잘 골라야 한다. 한국 종합주가지수 성장률은 낮지만, 특정 펀드는 높은 수익률을 기록 중이다. 글로벌 시가총액 비중이 미국 60%, 한국 1.5%다. 한국의 가장 큰 장점은 제조업 수출액 기준 세계 5위, 국내총생산(GDP) 세계 10위로 제조업 중심 강대국이란 점이다. 따라서 한국은 우량기업과 성장 가능성이 높은 펀드 중심으로 집중 투자 해야 한다.

2025년 인공지능을 도입한 기업은 살아남겠지만 인공지능을 도입하지 못한 기업들은 도태하게 될 것이다. 인공지능 분야는 향후 10년 이상 계속 성장할 것으로 보인다. 주가는 기업 미래 가치를 선제적으로 반영한다. 따라서 미래 발전 가능성이 높은 분야와 업종 그리고 펀드를 선정해야 한다.

한국 부동산펀드도 계속 성장할 것이다. 2024년 대한민국 출산율은 0.68명 정도다. 그러나 한국은 외국인이 매년 30만 명 정도 유입되고 있다. 한국에 거주 중인 외국인은 246만 명으로 대구시 인구를 초과했다.

부동산펀드는 앞으로 서울 지역을 중심으로 성장할 것이다. 국민 평균연령 90세, 외국인 매년 30만 명 유입, 단독세대주 35%에서 50%까지 증가 현상이 나타날 것이다. 이런 이유로 부동산펀드는 성장 가능성이 높다. 글로벌 주식 시가총액 비중이 미국 60%, 일본 5%, 중국 4%, 한국 1.5%다. 2024년 미국 나스닥은 25% 정도 수익률을 냈지만, 한국 종합주가지수만 -8% 정도다.

한국 주식시장과 펀드시장이 오르기 위해서 다음과 같은 대안을 제시한다. 첫째 한국이 기업하기에 좋은 환경을 만들어야 한다. 한국 종합주가지수가 성장하고 펀드가 오르기 위해서는 법인세 인하 등 투자하기 좋은 환경을 만들어야 한다. 국회에서 진행 중인 금투세 등을 조기에 폐지해 미래 불확실성을 없애야 한다. 한국 경쟁국인 싱가포르는 증권거래세를 제외하고 배당세, 소득세, 상속세 등 모든 세금이 없다. 대만은 금투세를 실시하겠다는 예고만으로 종합주가지수가 40% 폭락했었다.

둘째, 한국종합주가지수와 펀드 수익률이 낮은 이유는 중국 의존도가 높기 때문이다. 한국 무역 의존도는 75%로 세계 2위다. 무역 의존도는 수출과 수입이 GDP에서 차지하는 비중이다. 한국은 수출국 비중을 보면 중국 26%, 미국 17%, 홍콩 6%, 일본 5%다. 전체 교역의 33%를 중국에 의존하고 있다. 최근 중국은 5% 이하로 성장률이 내려가면서 위기를 맞고 있다.

2023년부터 중국에서 간첩법이 시작되면서 외국인 투자가 90% 급감했고, 관광객은 95% 줄었다. 최근 한국인도 간첩법 관련 죄로 중국에서 체포돼 조사를 받고 있다. 일본 반도체 기술자 수십 명이 체포되어 수사를 받고 있다. 이와 같이 중국은 시장경제에서 계획경제로 전환하고 있다. 개방경제에서 폐쇄경제로 즉, 과거로 돌아가고 있다.

중국의 성장원동력은 시장경제 체제를 받아들이고 도입한 것이다. 그러나 최근 중국 시진핑 30년 집권이 시작되면서 간첩법이 발동되고 있다. 중국은 사유재산이 부정되고 있으며 기업 투자가 안전하지 못하다. 한국 롯데와 신세계는 완전히 철수했다. 중국에 투자한 현대자동차 다섯 곳 중 90%가 문을 닫았다. 중국은 한국 경제로부터 지식을 모두 습득한 후 불매운동 등으로 외국인 투자를 홀대하고 있다.

중국 토지는 모두 국가 소유다. 개인과 기업은 토지 이용권만 일정 기간 부여받는다. 외국인 투자가 급감하면서 중국 경제성장률이 2025년 4%대로 낮아질 것이다. 전 세계 수출시장에서 중국이 차지하는 비중은 13% 정도다. 대한민국은 중국에 대한 의존도를 33%에서 15%로 낮춰야 한다.

한국이 과도하게 중국을 의존하는 것은 위험하다. 무역 의존도 80%인 독일도 중국 의존도가 높아 최근에는 경제성장률이 크게 떨어졌다. 한국은 미국 중심으로 무역 의존도를 올려야 한다, 미국 현지 생산공장을 늘이고, 중국산 부품을 최소한으로 줄여야 한다. 미국 대통령 선거에 누가 당선 되든지 상관없이 한국은 중국 의존도를 낮춰야 한다.

셋째, 한국 대표기업을 육성해야 한다. 미국 빅테크 기업은 성장성이 매우 높다. 미국 시가총액 상위기업은 애플, 엔비디아, 마이크로소프트, 구글, 메타 순이다. 미국은 시장경제를 지향하고 기업재산권을 철저하게 보호한다. 법인세를 보면 미국과 경제협력개발기구(OECD) 평균 21%, 한국 16%, 싱가포르 17%, 아일랜드 12%다.

미국을 포함한 선진국들은 법인세를 낮춰 기업하기 좋은 나라를 만들고 있다. 한국도 법인세를 낮추고자 했지만 대기업 특혜라는 이유로 야당이 반대했다. 한국도 법인세와 상속세를 세계 평균으로 낮춰야 한다. 아일랜드는 50%에 이르는 법인세를 12.5%로 낮추면서 유럽에서 가장 부국이 됐다.

## "펀드 성장 위해서 한국 기업 이익 증가해야"

2024년 한국 대학생 청년취업률은 45%다. 대학을 졸업하고도 일자리가 없다. 2024년 외국인직접투자는 유입액보다 유출액이 두 배 정도 많다. 한국이 법인세가 높고 기업하기 좋은 환경이 아니다 보니 국내 기업 유출액이 훨씬 크다. 삼성전자, LG전자, 현대차 등 한국 기업들이 미국과 베트남 등으로 공장을 계속 옮기고 있다. 한국은 4차 산업혁명 규제도 많다. 우버, 에어비앤비, 타다 등 신산업을 모두 금지하고 있다.

호주는 우버를 허용하고 우버가 벌어들인 돈의 10%가 택시 산업 발전을 위해 이용된다. 신산업과 구산업이 함께 성장해야 경제가 발전한다. 대한민국 펀드가 성장하기 위해서는 기업하기 좋은 나라를 만들고 한국 기업의 이익이 증가해야 한다. 미국 경제를 주도 하고 있는 애플, 엔비디아, MS, 메타 등이 크게 성장하고 있다. 애플은 전 세계 스마트폰 이익의 90%를 가져간다.

재구매율이 82%이며 국제 결제시장에서 비자 다음으로 2위다. 엔비디아는 2024년만 해도 수익률이 200% 이상 증가하면서 미국 주식 시장을 선도하고 있다. 향후 인공지능은 10년 이상 계속 성장할 것이다. 삼성전자도 하이닉스처럼 HBM 반도체를 납품해야 한다. 한국의 가장 큰 경쟁력은 바로 반도체 분야다. 한국 주식 시장이 성장하기 위해서는 이와 같이 중국에 대한 의존도를 낮추고, 미국 빅테크 기업처럼 대표기업을 육성해야 한다. 삼성전자와 같은 기업 열 개만 있다면 한국은 선진국이 될 것이

다. 정부와 국회도 반도체 클러스터를 조기에 착공해 반도체 산업을 육성해야 한다

2025년 대한민국 펀드시장은 성장 가능성과 발전 가능성이 높은 펀드 중심으로 재편될 것이다.방위산업 펀드, 반도체, K-팝, K-푸드 등 발전 가능성이 높은 분야는 지속적으로 성장할 것이다. 앞으로 방위산업은 전쟁의 지속 등으로 계속 성장할 것이다. 특히 인공지능반도체는 한국을 포함한 세계경제를 주도하고 있다. 미국 엔비디아, SK하이닉스 등 인공지능 반도체 분야는 지속적으로 성장할 것이다.

개인들은 국내펀드 시장 중에서 발전 가능성이 높은 펀드 중심으로 선별 투자 해야 한다. 국회와 정부도 한국 주식 시장이 성장할 수 있도록 금투세를 폐지해야 한다. 또한 법인세와 상속세를 낮추고 기업하기 좋은 환경을 만들어야 한다. 한국 펀드에 투자하는 분들에게 방위산업 펀드와 인공지능 펀드 등 미래 발전 가능성이 높은 펀드를 추천한다. ▣

해외펀드의 귀환
# "미국 중심 포트폴리오 유지해야"

**김후정**
유안타증권 연구원

해외주식펀드에
여러 개 투자할 경우에는
S&P500이나 다우존스 등
대표 지수에 먼저 투자하고,
기술주나 은행주 등 업종이나
테마펀드에 나중에 투자하는 것이
포트폴리오를 구성하기에
좀 더 안정적이다.

**한동안 투자자들의 관심에서 멀어졌던 해외펀드가 미국과 상장지수펀드(ETF)를 무기로 다시 투자자들에게 돌아왔다.** 코로나19 팬데믹(세계적 대유행) 이후 매그니피센트(M7) 등 미국 기술주에 대한 관심은 SPY(S&P500)와 QQQ(Invesco QQQ Trust·나스닥 상장된 금융주 제외 100종목) 등의 ETF 투자로 이어졌다. 2020년에는 해외주식 직접투자뿐만 아니라 해외주식펀드 투자도 크게 늘어났다. 2020년 11월에는 월간 해외주식펀드 순유입 규모가 1조 원을 넘어서기도 했다.

## ETF 필두 해외펀드의 귀환

2019년 말 1조 5000억 원이었던 북미펀드는 2020년 4조 2000억 원, 2022년 14조 1000억 원, 2024년 10월 38조 6000억 원으로 크게 증가했다. 해외주식펀드 중에서 북미펀드의 비중은 2019년 6.2%에서 2024년 10월 50.0%로 늘어났다. 북미펀드 이외에도 글로벌펀드(10조 5000억 원), 정보기술섹터펀드(9.0조 원), 헬스케어섹터펀드(8069억 원), 에너지 섹터펀드(1조 6964억 원) 등에도 미국주식 투자가 많기 때문에 실질적인 미국주식 투자 비중은 더 높다.

미국 기술주 가격 변동 폭이 커지면서 2022년 말부터 해외주식펀드에서는 자금이 빠져나가기 시

### 노르웨이 국부펀드의 미국 투자 상위 기업
(단위:백만 달러)

| 2005 | | | 2024.6 | | |
|---|---|---|---|---|---|
| 기업 | 업종 | 투자규모 | 기업 | 업종 | 투자규모 |
| Exxon Mobil | Oil & Gas | 869 | Microsoft | Tech | 42,620 |
| Chevron | Oil & Gas | 814 | Apple | Tech | 36,703 |
| General Electric | Industrials | 702 | NVIDIA | Tech | 35,412 |
| MBNA | Financials | 567 | Alphabet | Tech | 24,258 |
| Microsoft | Tech | 518 | Amazon.com | Consumer | 22,661 |
| American International | Financials | 418 | Meta Platforms | Tech | 15,141 |
| Wachovia | Financials | 408 | Eli Lilly | Health Care | 9,771 |
| Altria | Consumer Goods | 385 | Broadcom | Tech | 9,113 |
| Bank of America | Financials | 357 | Berkshire Hathaway Johnson | Financial | 8,555 |
| UnitedHealth | Health Care | 312 | JP Morgan | Financial | 7,350 |

자료:NBIM, 유안타증권 리서치센터

작했으나, 인공지능(AI)에 대한 기대감이 커지면서 2023년부터 다시 미국주식펀드와 정보기술섹터펀드를 중심으로 투자가 크게 늘어났다.

기관투자자들도 일반 투자자들과 마찬가지로 전 세계 기관투자자들의 포트폴리오에서 유럽과 중국의 비중이 줄어들면서, 그 자리를 미국이 채워 나가고 있다. 세계 최대의 국부펀드인 노르웨이 국부펀드의 주식자산 중에서 미국이 차지하는 비중은 절반을 넘어섰다. 전통산업의 비중이 높은 영국, 프랑스, 독일 등은 전 세계 주식시장에서 차지하는 비중이 계속 줄어들고 있다.

AI, 정보기술(IT)뿐만 아니라 바이오 산업에서도 미국 기업의 도약은 이어지고 있다. 전 세계 우수 인재가 미국으로 모이는 상황에서 미국 기업의 성장은 이어질 가능성이 높다. 미국의 주식시장도 401K 등의 기반이 탄탄한 상황에서 해외 기관투자자들과 개인투자자들의 투자가 늘어나면서, 수급 상황이 탄탄해지고 있다. 유럽과 신흥국 등의 투자 대안이 불투명한 상황에서 미국으로의 투자 집중은 당분간 이어질 것으로 생각된다.

2024년 6월과 7월에는 해외주식펀드의 월간 순유입 금액이 2조 원을 넘어서기도 했다. 하지만 8월부터는 이익실현이 늘어나면서, 해외주식펀드로의 자금 유입은 줄어들었고, 10월에는 순유출로 전환됐다. 2025년 상반기까지는 이익실현이 이어지면서 해외주식펀드로의 자금 유입은 주춤할 것으로 보인다.

## 미국·중국 증시의 방향성 주목

해외주식펀드의 가장 큰 관심사는 미국주식에 대한 방향성이다. 미국경제는 예상보다 강했고, 유럽이나 일본보다 높은 성장률을 보여주고 있다. M7 실적 둔화에 대한 우려가 있었으나, M7이 다른 기업들보다 성장세가 훨씬 높은 상황은 이어갈 것이라는 전망도 늘어나고 있다.

기관투자자의 포트폴리오에서도 성장성이 있는 기업에 대한 집중 투자가 큰 흐름으로 나타난다. 노르웨이 국부펀드를 포함해 미국, 대만, 인도, 중국 등 주요 해외 기관투자자의 투자 비중이 늘어난 국가는 테크(Tech) 업종과 바이오 업종의 강세가 특징적이었다. 1998년 9%였던 Tech 업종은 25.5%까지 늘어났고, 헬스케어(Health Care) 업종도 증가세를 보이고 있다. 에너지 전환 등의 영향을 받고 있는 에너지 업종은 2010년 이후 감소세를 보이고 있다. 기초재료(Basic Material) 업종과 유틸리티 업종의 투자 비중도 줄어들고 있다.

2024 노르웨이 국부펀드의 미국 상위 투자 기업 10개 중에서 Tech 업종은 1위 애플(Apple)을 포함

노르웨이 국부펀드의 업종 투자 비중 (단위:%)

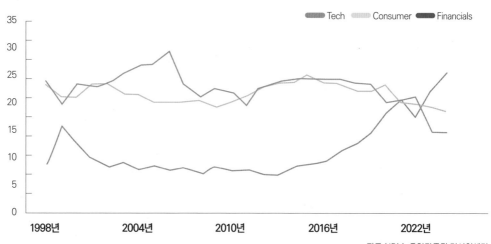

자료:NBM, 유안타증권 리서치센터

해 6개가 포함돼 있다. 필수소비재로 분류된 아마존(Amazon)도 내용적으로는 Tech에 가깝다. 금융업종도 은행이 아닌 투자사인 버크셔 해서웨이(Berkshire Hathaway)가 포함돼 있다. Health Care 업종은 1개가 포함됐다. 미국이 세계 어느 나라보다도 혁신을 잘해 나가면서, 기업 체질과 산업 패러다임이 미래를 향한 가능성을 보여주고 있다.

중국은 2024년 9월 말 대대적인 경기 부양 정책을 발표하면서 증시가 급등했다. 최근에는 되돌림 이후 횡보 국면에 들어섰으며, 경제지표는 여전히 좋지 못하다. 하지만 10월 말 선전시 부동산 거래 대금이 2023년 6월 이후 최대 규모를 기록하는 등 1선 도시에서 부동산 회복 기미가 나타나고 있다. 중국 정부의 정책 효과로 부동산 시장이 안정될 수 있다면, 중국의 투자 심리가 크게 개선될 가능성이 있다.

우리나라 투자자들은 2000년대 중반부터 중국펀드에 적극적으로 투자해 왔다. 안타깝게도 중국증시가 2021년부터 약세를 보이면서 많은 투자자들이 손실구간에 있다. 하지만 중국증시가 2024년부터 반등하면서 손실이 회복하는 구간에 들어서고 있다. 2025년 중국 정부의 정책이 유지되면서 중국펀드의 손실이 줄어들거나 수익구간에 들어서면, 일부 이익실현을 고려해 보는 것을 추천한다.

2020년 이후 해외펀드 투자는 ETF 중심으로 이뤄지고 있다. 해외펀드 순자산 상위 15개 펀드 중에서 ETF가 10개이다. ETF 라인업이 다양해지면서 주요 업종이나 테마의 경우에는 우리나라 상장 ETF로도 충분히 투자가 가능해졌다.

미국이나 다른 지역보다 우월한 경제 성장 기대감을 보여주는 상황에서 미국 중심의 포트폴리오는 유지하는 것이 유리하다. 전 세계 기관투자자의 미국 투자도 이어질 가능성이 높기 때문에 수급적으로도 탄탄하다.

M7과 S&P500ex M7의 순이익 증감률 괴리는 3Q에 축소되었으나, 4Q에는 M7이 다시 우위를 차지할 것으로 전망된다. M7의 이익창출 능력이 확인되면서 M7에 대한 투자 심리는 회복되고 있다. 해외 주식펀드에 여러 개 투자할 경우에는 S&P500이나 다우존스 등 대표 지수에 먼저 투자하고, 기술주나 은행주 등 업종이나 테마펀드에 나중에 투자하는 것이 포트폴리오를 구성하기에 좀 더 안정적이다. 위성펀드에 좀 더 공격적으로 투자하려는 분들은 중장기적으로 성장이 기대되는 기술주와 Health Care 등을 고려해 볼 수 있다. 상대적으로 안정적 투자를 선호하는 분은 배당주 관련 펀드를 추천한다. **E**

가상자산

# 트럼프 컴백과
# 가상자산 시장에 부는 변화의 바람

**김민승**
코빗 리서치센터장

2025년에는
비트코인 가격이
우상향할 가능성이 크다.
2024년 초
현물 ETF 승인이 이루어진 후
현물 옵션 상품도 곧
출시될 것으로 보이며,
이로 인해 금융기관이나 연기금,
국부펀드 등 대형 기관투자자의
진입이 가속화될 것으로
예상된다.

도널드 트럼프 전 미국 대통령이 2024년 7월 27일 열린 비트코인 2024 콘퍼런스에서 연설을 하고 있다. [사진 AP/연합뉴스]

**2024년 11월 미국 대선에서 도널드 트럼프가 제47대 대통령으로 당선되면서 비트코인 가격이 1억 원을 재돌파하며 큰 주목을 받았다.** 선거 기간 비트코인 가격은 트럼프의 당선 확률과 연동돼 등락을 거듭했으며, 트럼프가 당선된 후 비트코인 가격은 전고점을 경신했다. 이런 현상은 지난 수년간 미국 증권거래위원회(SEC)가 가상자산(암호화폐) 업계에 가했던 강력한 규제와 밀접한 관련이 있다.

## '겐슬러 강점기' 드디어 끝나나

현 SEC 위원장인 개리 겐슬러는 과거 MIT에서 비트코인에 대한 강의를 했을 정도로 가상자산에 대한 깊은 이해를 가진 인물이다. 그러나 그가 SEC 위원장으로 취임한 이후, SEC는 가상자산 업계를 강하게 압박하기 시작했다. SEC는 리플을 포함한 여러 프로젝트에 대해 '미등록 증권 판매' 혐의로 소송을 제기하며 초기코인공개(ICO)를 사실상 불가능하게 만들었고, 대부분 가상자산을 증권으로 규정해 거래소들을 미등록 증권 거래 중개 혐의로 조사했다.

또한 2023년 하반기부터는 지분증명방식(PoS) 네트워크의 핵심인 스테이킹(예치)에 대해 증권성을 주장하며 이더리움 생태계에 큰 규제 리스크를 안겼다. 법원의 판결로 인해 마지못해 비트코인 현물 상장지수펀드(ETF)를 승인한 후에도 겐슬러의 SEC는 '비트코인 외에는 모두 증권'이라는 입장을 고수하며 업계 전반에 조사와 고소를 남발했다.

이런 상황에서 트럼프는 선거 기간 동안 친(親)가상자산 메시지를 지속적으로 내놓으며 주목받았다. 그는 '비트코인 2024' 콘퍼런스에 참석해 "취임 첫날 개리 겐슬러를 해임하겠다"고 약속했고, 청중들로부터 큰 환호를 받았다. 또한 와이오밍주 상원의원인 신시아 루미스는 미국 정부가 비트코인을 전략준비자산으로 지정하고 100만 개를 보유하는 법안을 제안했다.

가상자산 업계는 페어셰이크(Fairshake)와 같은 슈퍼팩(Super PAC)에 많은 금액을 모금하고, 스탠드위드크립토(Standwithcrypto)와 같은 시민단체들이 트럼프와 친가상자산 후보들을 지지하는 등 조직적으로 움직였다. 그 결과 공화당이 대통령과 상·하원을 모두 휩쓰는 '레드 스윕'(red sweep)이 나타났다.

항간에는 2024년 초부터 "겐슬러 때문에 바이든이 선거에서 패배할 것이다"라는 소문이 돌았고, 이는 결국 현실이 됐다. 겐슬러 위원장의 임기는 2026년까지지만 바이든 대통령의 임기 종료 또는 그 전에 사임할 가능성이 커지고 있다. 대선 결과에 따라 SEC의 입장 변화는 불가피할 것으로 보인다. 이는 곧 수년간 가상자산 업계의 성장을 저해해 온 거대한 장애물이 제거될 것임을 의미한다.

## 비트코인과 레이어1 알트코인 모두 상승 가능성 커

비트코인의 반감기와 미국 대선은 항상 같은 해에 일어났다. 2012년, 2016년, 2020년 모두 대선 이후 비트코인 가격은 유의미한 상승, 그다음 해에는 폭발적인 성장을 보였다. 2025년에는 금리와 경제 상황 등 여러 요인이 다르겠지만, 비트코인 가격이 우상향할 가능성이 크다. 2024년 초 현물 ETF 승인이 이루어진 후 현물 옵션 상품도 곧 출시될 것으로 보이며, 이로 인해 금융기관이나 연기금, 국부펀드 등 대형 기관투자자의 진입이 가속화될 것으로 예상된다.

과거 이더리움은 비트코인이 시장을 견인할 때 더 큰 상승 폭을 보였으나, 2023년부터는 SEC의 규제 압박으로 인해 예상보다 부진했다. 특히 이더리움 스테이킹 금지는 이더리움 가격 성장을 저지한 대표적인 사례 중 하나다.

**2024년 비트코인 가격 추이** (단위·달러)

6만 9300달러
11월 6일
도널드 트럼프 제47대 미국 대통령 당선 확정

10만
9만
8만
7만
6만
5만
4만
3만

1월 2월 3월 4월 5월 6월 7월 8월 9월 10월 11월

※ 2024년 1월 1일~11월 12일

자료 : 코인게코

　　그러나 SEC의 규제 기조가 변화한다면 이는 이더리움에도 긍정적인 영향을 미칠 것으로 보인다. 블랙록과 같은 대형 금융기관들이 토크나이제이션(tokenization·토큰화)을 강력히 추진하고 있으며, 제도권 금융이 실물연계자산(RWA), 토큰증권(ST), 그리고 탈중앙화 금융(DeFi·디파이)에 큰 관심을 갖고 있다. 이더리움 생태계는 이러한 흐름 속에서 제도권과 함께 성장할 가능성이 높으며, 가격 또한 큰 수혜를 입을 것으로 예상된다.

　　솔라나는 FTX 파산 이후 빠르게 회복하며 성장하고 있으며, 특히 밈 코인의 성장과 함께 이더리움의 대항마로 자리 잡고 있다. 솔라나가 성장하면서 비앤비(BNB), 카르다노(Cardano), 트론(Tron), 톤(TON), 아발란체(Avalanche), 수이(Sui), 니어(Near) 등 다른 레이어1 프로토콜 자산들도 함께 상승할 가능성이 크다. 또한 대선과 반감기 패턴에 따라 비트코인의 가격 상승이 알트코인 시장에도 긍정적인 영향을 미칠 것으로 보인다. 많은 투자자가 기다려 온 '알트코인 불장'이 다시 돌아올 가능성이 크다.

## 주목할 테마는 '디파이'와 'AI'

트럼프 당선 후 가장 뚜렷한 상승세를 보인 것은 디파이 자산들이었다. SEC가 웰스 노티스(Wells Notice)를 발부했던 유니스왑(Uniswap)을 비롯해 리도(Lido), 로켓풀(Rocket Pool) 등 이더리움 스테이킹 프로젝트들과 에이브(Aave), 메이커(Maker), 주피터(Jupiter) 등 다양한 디파이 프로젝트들이 강

개리 겐슬러 미국 증권거래위원회(SEC) 위원장. [사진 AFP/연합뉴스]

한 상승세를 보였다. 이는 SEC의 규제 기조 변화에 대한 기대감으로 해석된다.

디파이는 자산 토크나이제이션과 스테이블코인의 확장과 밀접한 관계를 맺고 있다. 디파이는 제도권 금융과 시너지를 낼 수 있는 잠재력을 가지고 있으며, 특히 스테이블코인을 통한 결제 시장 확장이 예상됨에 따라 디파이 시장 역시 성장할 가능성이 크다. 그동안 SEC 규제로 인해 성장을 억제받았던 대형 디파이 프로젝트들이 2025년에 크게 도약할 것으로 기대된다.

또한 인공지능(AI)의 빠른 발전은 가상자산 시장에서도 중요한 테마로 자리 잡고 있다. 과거에는 블록체인과 AI의 접점이 컴퓨팅 자원 활용에 국한됐지만, 최근에는 AI 온체인 에이전트(onchain agent)의 등장으로 그 접점이 다방면으로 확장되고 있다. AI 온체인 에이전트는 자율적으로 블록체인 프로토콜과 상호 작용하며 다양한 작업을 수행할 수 있으며, 이는 투자 전략 실행 및 자동화까지 가능하게 한다. AI 산업과 가상자산 간 시너지는 앞으로 더욱 확대될 전망이며, 이는 곧 AI 테마 가상자산의 성장을 의미한다. E

# 금리형 상품 운용 전략
## 변동성을 기회로 활용하라

**오건영**
신한은행 WM 팀장

금리형 상품은
안전자산으로 보이지만
금리 변동성이 높아졌을 때에는
적극적인 대응을 통해 '플러스 알파'의
효과를 기대해 볼 수도 있다.
변동성은 부담을 주기도 하지만
변동성을 제대로 활용한다면
의외의 기회가 될 수 있다는 점,
2025년 한 해 동안
염두에 두어야 할 것이다.

**2025년의 금융 상품 투자 전략을 논함에 있어 우선적으로 고민해야 하는 것은 주식 등의 투자자산과 예금 혹은 채권 등의 안전자산을 어떻게 배분하는지에 대한 포트폴리오 전략이 될 것이다.** 물론 투자자산과 안전자산의 배분 비율은 개인의 투자 성향에 따라 천차만별이지만 투자자산, 혹은 안전자산에 담아야 할 상품에 대해서는 금융시장의 상황을 반영하는 전략이 필요하다. 필자는 금리를 분석하는 역할을 하는 바, 안전자산 중 금리형 상품인 예금 및 채권 등의 운용 전략에 대해 다루어보고자 한다.

당장 '안전한 예금이나 채권을 가입하는데 무슨 전략이 필요할까?'라는 반문부터 나오는 것이 사실이다. 그러나 최근처럼 금리의 변동성이 크다면 어느 시점에 예금 혹은 채권을 가입하느냐에 따라 투자자가 느끼는 만족도는 크게 달라진다. 참고로 2022년 10월 말 레고랜드 사태로 인한 금리 급등 국면에서 은행의 1년 정기예금 금리는 5%를 넘었다. 만약 이때 5%대 금리로 5년 정기예금을 묶었다면 지금 기분이 어떨까? 은행 예금보다 신용도가 다소 떨어지는 우량 회사채 금리는 7~8%에 달했다. 이 때 최대한 장기로 그 채권을 가입했다면 안정적으로 고수익을 이어갈 수 있지 않을까?

## 2025년 금리 흐름 염두해야

예금 혹은 채권은 기본적으로 고정금리 상품이다. 현재의 시세 금리로 고정이 되어있어 우리가 금리를 고정한 이후 시장 금리가 내려가게 되면 고정금리 예금이나 채권의 가치가 빛날 것이다. 반면 금리를 고정해서 예금에 가입한 이후 되레 시중 금리가 올라가게 되면 "나중에 가입할걸"이라는 후회를 하게 될 것이다. 시중 금리의 오르내림은 금리를 고정하고 가입하는 예금이나 채권의 가치를 높이고 낮추는데 절대적인 영향을 주게 된다. 그렇다면 2025년의 금리 흐름이 어떠한지를 어느 정도 염두에 두면서 금리형 상품에 투자해야 할 필요를 느끼게 된다.

여기서 단순하게 '2025년에는 미국이나 한국 중앙은행이 기준금리를 인하한다고 뉴스에 나오던데, 그럼 금리가 내려가는 것 아닌가?'라는 생각이 떠오른다. 금리가 내려가는 것이 당연한 수순이라면 어쩌면 지금 우리가 가입할 수 있는 오늘의 예금 혹은 채권 금리가 다시는 보지 못할 고금리일 수 있다. 그렇다면 당연히 가장 긴 기간으로 금리형 상품을 가입하는 것이 답이 될 것이다. 하지만 투자에는 '모두가 그렇게 생각하는 일은 그대로 일어나지 않는다'라는 격언이 있다. 필자는 모두가 금리가 내려갈 것이라고 쉽게 생각한다면, 실제 시중 금리가 그리 쉽게 내려가지 않을 수 있다는 점을 짚고자 한다.

지난 2024년 1월을 시작하면서 전 세계는 조만간 시작될 중앙은행의 신속한 금리 인하의 기대에 취해 있었다. 미국 연준은 연내 최대 7차례까지 인하를 할 수 있다는 전망이 나왔고, 한국은행 역시

4~5월부터 기준금리 인하를 시작할 것이라는 예상이 힘을 얻었다. 중앙은행의 기준금리가 이렇게 빠른 속도로 인하된다면, 그리고 지금의 금리가 가장 높다면 투자자들의 전략은 매우 심플해진다. 예금이나 채권을 최대한 긴 것으로 가입하면 된다. 그래서 개인투자자들의 30년 미 국채 투자 붐이 불기도 했었다. 그러나 10개월여가 지난 지금 미국 시중 금리는 연초 대비 되레 상승했다. 2024년 9월과 11월 미국 연방준비제도(Fed·연준)가 0.75% 수준의 기준금리 인하를 단행했음에도 시중 금리가 오히려 반등한 것이다. 기준금리 인하를 믿고 시중 금리 하락에 베팅한 금리형 상품 투자자들에게는 매우 곤혹스러운 상황이 연출된 것이다. 왜 이런 일이 일어났을까? 이런 기현상의 원인을 정확히 파악할 때 2025년 금리형 상품 투자 전략이 명확해질 수 있다. 2025년에도 2024년의 경제 및 금리 환경이 유사하게 나타날 가능성이 높기 때문이다.

우선 미국을 비롯해 영국·유로존·한국 등 주요 국가들은 2024년 하반기부터 본격적인 기준금리 인하 사이클에 돌입했다는 점에 주목한다. 지난 2022년 이후 이어진 고금리로 인해 글로벌 경제 성장세는 일정 수준 둔화할 가능성이 높고, 이런 둔화의 속도 및 충격을 제어하는 차원의 기준금리 인하는 2025년에도 이어질 것으로 예상된다. 완만한 속도의 경기 둔화와 기준금리 인하는 시중 금리를 낮추는 핵심 요인이 된다. 이를 감안하면 2025년에도 자연스러운 금리 하락에 베팅하는 금리형 상품 운용 전략이 합리적으로 보인다. 그러나 뚜렷한 금리 하락 요인에도 불구하고 2024년에 시중 금리가 제대로 내려오지 않은 이유가 있을 것이다. 우선 미국을 비롯한 전 세계 국가들의 재정 적자에서 그 원인을 찾을 수 있다. 코로나19 팬데믹을 거치면서 주요국들은 경기 부양을 위해 과감한 재정 지출을 늘려왔다. 코로나19 사태가 어느 정도 마무리된 이후에도 고금리의 충격으로 실물 경제 둔화세가 빨라질 것으로 보이자 재정 지출을 크게 늘리면서 경기 하방을 방어하는 데 총력을 기울였다. 재정 지출이 크게 증가하면서 전 세계 국가들의 재정 적자가 커지게 되는데, 이를 메우기 위해서는 적자 국채의 발행이 필요하다. 글로벌 주요국, 특히 미국의 국채 발행이 증가하게 되면 시중 유동성을 정부가 흡수하게 되는데, 이는 시중 자금 부족으로 인한 금리 상승 요인이 된다.

두 번째는 인플레이션이다. 전 세계 경제는 지난 2022년 40년 만의 인플레이션을 맞아 상당한 홍역을 치른 바 있다. 당시 미국의 소비자물가지수는 9.1%까지 뛰었는데, 현재는 2%대 중후반까지 내려오면서 상당 수준으로 완화되었다. 그렇지만 여전히 각국 중앙은행이 목표로 하고 있는 2% 물가 목표보다는 높은 수준에 위치해 있다. 아직 각국 중앙은행이 진행하고 있는 인플레이션과의 전쟁이 아직 끝나지 않았다는 것이다. 또한 40년 만에 재발한 인플레이션이 3년 이상 이어지면서 인플레이션의 고착화 가능성 역시 부각되고 있다. 한 번도 인플레이션을 겪어보지 않은 사람과 인플레이션으로 크게 고생해 본 사람이 느끼는 물가 상승의 민감도는 사뭇 다를 것이다. 2024년에도 재차 고개를 드는 인플레이션은 중앙은행의 기준금리 인하 기대를 흔들면서 수시로 시중 금리의 큰 폭 반등을 만들어내곤 했다.

세 번째로 트럼프 행정부 2.0이 만들어낼 금리 상승 기대를 들 수 있다. 백악관으로 복귀하는 트럼프는 1기 당시보다 훨씬 강한 관세 정책, 이민 제한 정책, 감세 정책, 재정 지출 등을 단행할 것으로 예상된다. 고율 관세 부과는 수입 물가 상승 요인이 되고, 이민 제한은 노동의 공급을 줄이면서 임금의 상승을 자극, 마찬가지로 물가 상승에 악영향을 줄 수 있다. 감세 정책 및 재정 지출 확대는 재정 적자 급증을 가리켜 금리 상승을 자극할 수 있다.

중앙은행의 기준금리 인하는 확실한 시중 금리 하락 요인이 된다. 그러나 인플레이션, 재정 적자, 그리고 트럼프 2.0이라는 재료는 시중 금리 상승 요인으로 작용한다. 강한 하락 요인과 다양한 상승 요인이 충돌하게 되면 금리가 양방향으로 높은 변동성을 보이게 된다. 2024년 한 해 시중 금리는 1년 내내 큰 폭의 변동성을 보여주었고, 이런 흐름은 2025년에도 이어질 것으로 예상된다.

## 장단기 비중 조절…다양한 만기로 쪼개기

금리 변동성이 높을 때 어떻게 금리형 상품에 투자해야 할까? 일방적으로 금리가 하락하는 경우에는 장기 채권 혹은 예금을 가입하는 것이 정답이 된다. 그러나 금리가 양방향으로 떨리게 된다면 우선적으로 단기 예금 및 채권의 비중을 높여 둘 필요가 있다. 그리고 금리가 일정 수준 상승할 때마다 장기 예금 및 국채의 비중을 지속적으로 늘려나가는 전략이 유효하다고 할 수 있다. 머니마켓펀드(MMF)나 단기 채권 펀드, 혹은 1개월 수준의 초단기 예금은 빠른 현금화가 가능하기에 수시로 금리가 위로 치솟을 때 일부 인출을 통해 고금리 장기 상품으로의 이동이 가능하다.

이렇게 상황을 보면서 장단기 예금 및 채권의 유연한 비중 조절이 어렵다면 다양한 만기의 예금을 여러 가지로 쪼개 두는 전략 역시 유효하다. 3개월, 6개월, 1년, 3년, 5년 예금을 동일 비중으로 가입한 이후 가장 먼저 3개월 예금의 만기가 되었을 때 시중 금리가 올라있다면 장기 예금으로, 혹은 높지 않다면 단기로 이어가면서 금리 상승 시기를 기다리는 적극적인 운용이 대표적인 예시라고 할 수 있다.

금리형 상품은 일견 안전자산으로 보이지만 금리 변동성이 높아졌을 때에는 적극적인 대응을 통해 '플러스 알파'의 효과를 기대해 볼 수도 있다. 변동성은 부담을 주기도 하지만 변동성을 제대로 활용한다면 의외의 기회가 될 수 있다는 점, 2025년 한 해 동안 염두에 두어야 할 것이다. E

# 초고령사회로 진입하는 2025년
# 연금 트렌드 변화 4가지

**김동엽**
미래에셋투자와연금센터 상무

현재 일부
보험사, 증권사, 지방은행은
실물이전에 참여하지 않고 있다.
2025년 4월부터 이들까지
실물이전에 참여하게 되면,
금융회사 간 퇴직연금 이전은
더욱 가속화할 것으로 전망된다.
환승연금 시대가
열리는 셈이다.

**2025년 대한민국의 단면을 보여주는 말을 하나 꼽으라면 무엇일까?** 누군가 내게 이렇게 묻는다면 나는 주저하지 않고 '초고령사회'라고 답할 것이다. 전체 인구에서 65세 이상 고령인구가 20%를 넘는 사회를 초고령사회라 하는데, 2025년에 대한민국이 초고령사회로 진입하는 것이다. 인구 5명 중 1명이 고령자인 세상이 시작되는 것이다.

초고령사회로 진입한다는 것은 어떤 의미일까? 월급 대신 연금으로 생활하는 가구가 그만큼 늘어난다는 의미다. 65세는 국민연금공단에서 노령연금을 수령할 수 있는 나이이고, 이때부터 기초연금도 받을 수 있다. 이것 가지고 월급의 빈자리를 메우기가 버겁다면 퇴직연금, 개인연금, 주택연금 등 다른 연금 재원도 준비해야 할 것이다.

직장 생활을 할 때는 연봉을 많이 받는 사람이 부러움을 사는 것처럼, 은퇴자들 사이에서는 연금을 많이 받는 사람에게 부러움의 시선이 쏠리게 되어 있다. 그러면 초고령사회로 진입하는 대한민국의 직장인과 은퇴자들 사이에 나타나고 있는 연금 준비 트렌드 변화에 대해 살펴보도록 하자.

## 연금 맞벌이 – 부부 각각 연금을 받아야 한다

배우자가 있는 가구 중 맞벌이를 하는 부부가 절반(48.2%)에 육박한다. 유배우 가구 중 맞벌이 비중을 연령대별로 살펴보면, 15~29세 52.6%, 30~39세 58.9%, 40~49세 57.9%, 50~59세 58%, 60세 이상 32.5%나 된다. 이쯤 되면 생애 전반에 걸쳐 맞벌이를 한다고 봐도 과언이 아니다.

부부 모두 일터로 뛰어드는 데는 경제적 이유가 클 것 같다. 혼자 벌어서는 도저히 자녀교육비와 생활비를 감당할 수 없기 때문이다. 노후도 마찬가지다. 부부 중 한 사람만 연금을 받아서는 노후생활비를 충당하기 힘들다.

그런데 맞벌이 부부의 자산관리 방법에 변화가 일어나고 있다는 점에 주목해야 한다. 예전에는 맞벌이를 하는 가구는 부부의 소득을 합쳐서 생활비를 쓰고 저축도 했다. 하지만 요즘은 그렇지 않은 부부가 많다. 공동 생활비만 갹출하고, 나머지 소득은 각자 관리하는 부부가 늘어나고 있다.

그런데 소득을 나눠서 관리하던 부부가 은퇴 생활을 합친다고 해보자. 두 사람이 받는 연금을 합칠까? 그럴 가능성은 높지 않다. 그래서 부부 중 연금이 적거나 없는 쪽은 배우자의 눈치를 볼 수밖에 없다. 예전에는 '백지장도 맞들면 낫다'고 했지만 요즘은 그렇지 않다. 백지장을 맞들다 자칫하면 찢어질 수 있다. 자기 백지장은 자기가 들고 가야 하는 시대가 시작됐다.

현역 시절 맞벌이 활동 기간이 늘어나면서, 은퇴 후 연금맞벌이를 할 수 있는 기반도 탄탄해졌다.

부부 모두 10년 이상 직장생활을 하면 두 사람 모두 노령연금을 받을 수 있다. [사진 게티이미지뱅크]

부부가 모두 10년 이상 직장 생활을 하면 두 사람 모두 노령연금을 받을 수 있다. 혹시 출산과 육아 때문에 경력이 단절됐다면 국민연금 임의가입과 추후납부제도를 활용해서 국민연금 가입기간을 늘리면 된다. 여기에 부부가 모두 퇴직급여를 연금으로 수령할 수도 있다.

## 연금겸업 – 점진적 은퇴로 소득공백을 메운다

"월급은 끝났다. 연금은 멀었다. 그래서 화가 난다." 퇴직 이후 노령연금을 수령하기까지 소득공백에 맞닥뜨린 직장인의 심정을 이처럼 잘 표현한 말이 없을 것이다. 직장인의 법정 정년은 60세. 하지만 명예퇴직이다 희망퇴직이다 해서 정년보다 빨리 퇴직하는 이들이 적지 않다. 하지만 노령연금 개시 시기는 65세를 향해 늦춰지고 있다.

그래서일까? 생애 주된 일자리에서 퇴직한 다음에도 새 일자리를 찾아 나서는 직장인들이 많다. 상당수 근로자들은 주된 직장에서 퇴직하고 나서 완전히 은퇴할 때까지 재취업과 퇴직을 몇 차례 반복한다. 이 과정에서 소득도 차츰 감소한다. 그렇다면 이들에게 은퇴는 단절적 사건이 아니라 점진적 과정으로 봐야 한다.

재취업 일자리에서 받는 급여가 그리 넉넉한 편은 아니다. 특별한 능력과 경력을 인정받아 채용되는 것이 아니라면, 정년 이후 재취업한 사람들이 받는 급여는 최저임금을 조금 상회한다고 한다. 소득감소는 상용직에서 임시직으로, 전문직에서 단순직으로 일자리 속성이 바뀌기 때문이다. 하지만 이 같은 점진적 은퇴 과정이 재무적으로 적지 않은 도움이 된다.

재취업 일자리에서 받는 월급만으로 생활비를 전부 충당할 수 없을지도 모른다. 하지만 부족한 금액만큼만 퇴직연금과 개인연금으로 보충하면 된다. 이렇게 하면 연금 재원이 조기에 소진되는 것을 막을 수 있다. 이렇게 일을 하면서 연금으로 소득공백을 메워 나가는 것을 '연금겸업'(年金兼業)이라 한다. 초고령사회에서는 연금겸업하며 점진적으로 은퇴해야 한다.

## 자가운용 – 내 퇴직연금은 내가 운용한다

2025년은 국내에 퇴직연금 제도가 도입된 지 20년이 되는 해다. 20년 세월이 흐르는 동안 대한민국 퇴직연금 시장은 양적으로나 질적으로 크게 성장했다. 먼저 양적인 측면에서 퇴직연금의 적립금 규모가 400조 원을 넘어섰다. 질적인 측면에서는 확정기여형(DC)과 개인형퇴직연금(IRP)의 약진을 들 수 있다. 이로써 내 퇴직연금은 내가 운용하는 시대가 본격적으로 도래하는 셈이다.

확정급여형(DB)의 경우 입사부터 퇴직까지 지속적으로 임금이 상승하는 연공서열방식 임금체계를 갖춘 사업장과 임금상승률이 높은 사업장에 적합하다. 그런데 최근 연공서열방식 임금체계에서 벗어나 연봉제와 임금피크제를 도입하는 사업장이 늘어나는 추세다. 2022년 6월 기준으로 정년제를 운영하는 300인 이상 사업장 중 절반(51%)이 임금피크제를 도입했다. 300인 이상 사업장 중 연봉제를 도입한 사업장 비율도 84.2%나 된다.

DB형 퇴직연금을 운영하는 사업장에서는 임금이 줄면 퇴직할 때 받는 퇴직급여도 함께 준다. 그래서 임금피크제와 연봉제를 운영하는 사업장에서는 DB형이 적합하지 않다. 게다가 고령화와 저성장으로 임금상승률이 둔화하면서 DB형의 매력을 감소시키는 데 한몫하고 있다. 그래서 DC형 퇴직연금으로 전환하거나 DC형을 추가로 도입하는 기업이 늘어나고 있다.

그리고 IRP의 적립금 규모가 빠르게 늘어나고 있다. 정부가 세법 개정을 통해 연금계좌 세액공제 한도를 지속적으로 늘려온 것도 주요한 원인 중 하나지만, 베이비부머의 대량 퇴직이 더 큰 원인이라고

할 수 있다. 퇴직급여를 IRP에 이체하고 연금으로 수령하려는 베이비부머들이 늘어나면서 IRP 적립금 규모가 늘어날 전망이다.

이 같은 추세는 앞으로 당분간 계속될 것으로 보인다. 2023년 기준 50대 인구는 869만 명으로 전체인구(5132만 명)의 16.9%를 차지하고 하고 있고, 50대 인구 중 절반(56.3%)이 넘는 489만 명이 임금근로자이기 때문이다. 이들이 앞으로 퇴직하면서 받는 퇴직급여를 IRP에 이체한다면, 향후 10년 동안 IRP 적립금 규모는 꾸준히 증가할 것이다.

DB형 퇴직연금 제도에서는 회사가 퇴직연금 적립금을 운용한다. 근로자는 적립금 운용 성과와 무관하게 사전에 정해진 룰에 따라 퇴직급여를 수령하게 된다. 하지만 DC형 퇴직연금은 다르다. 근로자는 자기 퇴직연금 계좌를 가지고 있고, 자기 계좌에 입금된 퇴직급여는 스스로 운용한다. 그리고 성과가 좋으면 퇴직급여를 더 많이 받는다. IRP 가입자도 마찬가지다. 자기 IRP 계좌 적립금을 어디에 투자할 지 스스로 정해야 한다. 그리고 성과가 좋으면 더 많은 연금을 수령할 수 있다.

## 환승연금 – 더 나은 상품과 서비스를 찾아 연금이 옮겨간다

휴대폰과 연금의 공통점은? 휴대폰 가입자가 더 나은 서비스를 제공하는 통신사로 이동하듯, 퇴직연금과 개인연금 가입자도 더 나은 상품과 서비스를 제공하는 금융회사로 적립금을 옮길 수 있다. 그리고 2024년 10월 31일부터 퇴직연금 실물이전 제도가 시행되면서 금융회사 간 퇴직연금 이전이 수월해졌다.

종전에도 금융회사 간 퇴직연금 적립금 이전이 가능했다. 다만 적립금을 이전하려면 기존에 가입하고 있던 금융상품을 전부 매도하고, 적립금을 이전한 다음에 다시 금융상품을 매수해야 했다. 하지만 실물이전 제도가 시행되면서 현금화 절차를 거치지 않고 가입 중인 금융상품을 그대로 가지고 이전할 수 있게 됐다.

현재 일부 보험사, 증권사, 지방은행은 실물이전에 참여하지 않고 있다. 2025년 4월부터 이들까지 실물이전에 참여하게 되면, 금융회사 간 퇴직연금 이전은 더욱 가속화할 것으로 전망된다. 환승연금 시대가 열리는 셈이다. **E**

**아파트·상가·오피스텔**

# 대출 규제와 고금리 압박
## 먹구름 부동산 시장 전망

**진미윤**
명지대 부동산대학원 교수

대출규제가
다시 원점으로
되돌아가기란 어렵다.
이러한 상황에서는 입주를 미루거나
가격대가 더 낮은 아파트를
선택할 수밖에 없으며
임대차 수요는
전세보다는 월세로 돌아설
개연성이 높다.

| 아파트 | 대출규제 강화 기조 이어져 |
|---|---|
| | 매매가와 전세가 동반 하향 안정세 전망 |

금리 부담으로 거래가 급감하고 가격 하락세를 이어갔던 아파트 시장이 2024년 다시 활기를 되찾았다. 정부의 잇단 규제 완화와 정책금융이 확대로 연초부터 금리 인하에 대한 기대감으로 움츠렸던 아파트 시장에 거래가 늘고 가격이 상승 전환 했다. 서울 아파트 매매거래는 2024년 7월 9518건으로 2022년 8월 이후 최고치를 경신했으며, 상반기 아파트 청약경쟁률도 2023년에 비해 세 배가 높아졌고 일부 청약 시장은 과열 양상을 띠기도 했다. 아파트 실거래가는 전고점 대비 전국적으로 90% 수준의 회복세를 보이며 서울 강남권은 100%를 넘는 지역도 속출했다. 시장 반등에 성공한 아파트 시장은 2025년에 그 기대감을 이어갈 수 있을까?

2025년에도 2024년의 반등세가 이어질지는 미지수이다. 정부가 가계부채관리 강화 차원에서 2024년 9월부터 시행한 스트레스 총부채원리금상환비율(DSR)의 적용으로 기준금리 인하에도 불구하고 시중 대출금리는 더 오르고 대출한도도 축소되었다. 가계부채 총량관리에 묶인 은행권도 10월부터 비대면 상품 판매 중단, 주택담보대출의 거치기간 폐지, 유주택자에 대한 전세자금대출 중단 등 대출규제에 전방위적으로 나서고 있다.

서민·무주택자들의 주요 대출창구 역할을 해 온 디딤돌 대출도 규제가 강화되었다. 디딤돌 대출은 부부합산 연소득 6000만 원 이하 가구가 5억 원 이하의 주택을 구매할 때 최대 2억 5000만 원까지 저금리로 빌려주는 서민대출인데, 2024년 12월 2일 신규 대출 신청분부터 수도권 아파트의 디딤돌 대출 가능금액이 '방공제' 적용으로 최대 5500만 원 축소되며 후취담보대출(미등기 상태에서 신규 분양 아파트를 담보없이 먼저 대출받고 등기 완료 후 담보대출로 전환)은 아예 안된다. 방공제는 대출받을 때 소액임차인에게 내줘야 하는 최우선 변제금(서울 5500만 원, 경기도 2500만 원~4800만 원)을 대출금에서 빼는 것이다. 이러한 규제는 연소득 4000만 원 이하 가구가 3억 원 이하의 주택을 구입하는 경우에는 적용하지 않으며, 출산율 제고 차원에서 신생아 가구는 방공제만 적용되고 후취담보대출은 허용된다.

금융당국의 전방위적인 대출규제는 금리 인하기에 대출 확대가 집값 견인으로 이어지는 부작용을 막겠다는 취지이며, 2025년에도 이러한 기조는 과도하게 누증된 가계부채관리 차원에서 계속될 전망이다.

대출규제가 아파트 시장에 미치는 영향은 대단히 클 것으로 예상할 수 있다. 주택 구입자의 절반 이상은 연소득의 10배가 넘는 아파트를 모아둔 자금만으로 충당하기에는 역부족이다. 2024년 3분기, 3인 가족의 세전 월평균 가구소득이 약 720만 원인데, 서울의 중소형(전용 60~85㎡) 아파트 한 채 가격은 12억 원 정도니까 단순히 비교해도 연소득을 한 푼도 쓰지 않고 13년을 모아야 아파트를 살 수 있다. 이렇게 소득수준과 아파트 가격 간의 큰 갭을 줄이기 위해 대출은 선택이 아닌 필수인 셈이다. 2025년 초에 가계대출총량은 풀린다고 해도 대출규제가 다시 원점으로 되돌아가기란 어렵다. 일부 고가 아파트와 입주를 앞둔 신축 아파트에서는 빌리려 해도 빌리기 어렵고 팔려도 해도 팔기 어려운 상황이 연출될 수도 있을 것이다. 이러한 상황에서는 입주를 미루거나 가격대가 더 낮은 아파트를 선택할 수밖에 없으며 임대차 수요는 전세보다는 월세로 돌아설 개연성이 높다. 아파트 거래는 감소하고 가격도 하향 조정될 가능성이 크다. 대체로 주택담보대출 규제 강화 시 전세수요가 늘어 전세가격이 상승했던 것에 비해 금번의 대출규제에는 전세자금대출도 포함되어 있어 전세가가 매매가와 동반 하향 안정될 소지도 크다.

## 초양극화 지속, 저가 아파트 거래는 늘 듯

아파트 매매가는 2021년 8월 이후 금리 인상 여파로 전국적으로 하락한 가운데 전고점('22.6) 대비 가격 회복세를 보면 지역마다 온도차가 크다. 전고점 대비 2024년 10월까지 매매가가 오른 지역은 단 한 군데로 강남구가 유일하다.

2024년 1월부터 10월까지 아파트 매매가 변동률을 보면, 강남3구(강남,서초,송파)와 마용성(마포,용산,성동)이 가격 오름세를 주도하고 있으며, 노도강(노원,도봉,강북)과 금관구(금천,관악,구로)는 전고점 대비 크게 하락했고 회복세도 더디다.

아파트 가격이 오른 지역은 초고가 아파트, 이른바 똘똘한 한 채가 밀집된 강남권과 한강벨트 주변의 마용성이다. 결국 비싼 아파트가 더 오른다는 인식하에 2024년 아파트 시장은 이들 지역의 거래가 활발했고 가격 상승으로 이어졌다. 특히 강남3구와 용산구는 분양가상한제하에 신규 분양가가 주변 시세보다 저렴하여 청약 열기가 뜨거웠다.

2025년에도 대체 불가 똘똘한 한 채에 대한 집착과 신축 열기는 대출규제 여파에도 덜 위축될 반면 일부 지방 도시는 더 위축될 수도 있다. 지역 간 격차가 어제오늘의 일은 아니지만 금리 인상기를 거치면서 더 커졌다. 그야말로 초양극화가 이제 아파트 시장의 상수가 된 것이다. 또한 디딤돌 대출 한도 축소 등 대출규제는 2024년 보다 가격대가 더 낮은 아파트의 거래를 늘릴 것으로 보인다. 지방도시도 지역 내 양극화가 더욱 분명해지며 오를 곳만 오르는 현상이 관찰될 것이다.

## 오피스텔 | 임대형 투자 뜨고 우량 입지에선 수요 회복 기대

아파트 대체 상품으로 주목을 받으며 2020년 이후 가격 상승세를 이어가던 오피스텔은 고금리의 직격탄을 맞으며 시장이 위축되고 투자 상품으로서의 매력도 반감되었다. 그러나 계속되는 가격 하락세에도 불구하고 2023년 하반기부터 투자 심리가 되살아나는 분위기다. 이는 지난 2년 여간의 가격 하락으로 상대적으로 수익률이 높아진 데다가 월세 가격이 크게 올랐기 때문이다. 서울 오피스텔(전용 40㎡ 이하)의 평균 월세는 2023년 한 해 동안 63만~65만 원 수준이었으나 2024년 1월부터는 74만~75만 원 수준으로 뛰었다. 한 해를 넘기자 마자 10만 원이나 훌쩍 오른 셈이다. 오피스텔 월세 가격이 크게 오른 이유는 인플레이션의 영향도 있지만 1~2인 가구가 계속 느는 추세에다 전세 사기의 여파로 월세 선호가 높아진 결과라고 볼 수 있다. 이러한 수익률 반등과 더불어 정부가 2024년 1월 공급 확대와 수요 진작을 위해 신축 오피스텔(2025년까지 준공한 전용 65㎡ 이하)을 구입 시 2027년 12월까지 주택 수 산정에서 제외한다고한 조치는 오피스텔 시장에 호재로 작용할 것이다.

그러나 매매가격은 여전히 하락장이며 거래량도 호황기의 절반 수준에 그치고 있고 부동산 시장의 바로미터인 경매시장에서도 오피스텔 매물이 계속 쌓이고 있다는 점은 2025년 투자 환경을 낙관하기엔 이르다는 시그널이다. 지난 2020년 8월 임대차 2법 시행 이후 급등한 아파트 시장에 편승하여 아파텔(아파트+오피스텔)이라 불리는 전용 85㎡ 안팎의 주거용 오피스텔이 호황을 누렸지만 지금의 성적표는 좋지 않다. 게다가 수익형 부동산의 특성상 아파트 가격이 크게 오르지 않는 한 수요가 되살아나기는 어렵다.

매매가격은 떨어지는데 수익률이 오르는 2024년과 같은 상황은 월세 수입이 원래 주목적인 오피스텔이 제자리를 찾아가는 과정으로 볼 수 있다. 매매가격 하락은 지난 2021년과 2022년과 같은 급등기에 웃돈이나 매매차익을 겨냥한 열풍 수요에서 거품이 빠지는 상황이라고 할 수 있다. 2025년 오피스텔의 투자 원칙은 임대 수익률이 다시금 중요한 기준으로 거듭나며 수익률이 좋은 소형 오피스텔과 임대 수요 기반이 충분한 역세권, 일자리가 많은 우량 입지를 중심으로 활기를 띨 것으로 보인다.

## 상가 | 더딘 소비 회복세와 온라인 중심 소비 트렌드 투자 확대는 자제해야

상가 시장은 울상이다. 소비 심리가 침체를 벗어나지 못하는 가운데 상품 소비를 보여주는 소매 판매액은 2022년 2분기부터 2024년 3분기까지 10분기째 감소하고 있다. 내수 부진으로 폐업 자영업자가 늘었고 도소매업 취업자 수는 1년 전보다 14만 8000명이나 줄었다. 더군다나 온라인 시장의 가파른 성장세에 밀려 상가 시장은 고전을 면치 못하는 상황이다.

상가 시장은 사회적 거리두기로 뜸했던 코로나19 시기를 지났음에도 임대료가 지속적으로 하락하고 있다. 상가 규모(중대형, 소규모, 집합)별로 보아도 임대료는 동반 하락세이다. 소규모 상가의 경우에는 임대료의 하락 폭이 더 크다. 투자 수익률은 2023년 하반기부터 다소 회복세를 보이지만 여전히 낮은 수준이며, 공실률은 투자 수익률이 개선되며 줄었지만 매우 부담스러운 상황이다. 지역이나 상권에 따라 공실률이 20%를 넘는 지역도 많다. 특히 근린생활시설이나 주상복합 등과 같이 주거와 상업 기능을 겸비한 건물이 많이 들어선 세종시나 택지개발지구의 경우 중대형 상가의 공실률이 20% 이상이다. 서울도 예외가 아니다. 2023년 3분기 서울 한복판에 자리 잡은 명동의 중대형 상가 공실률은 19%이며, 북촌의 소규모 상가 공실률은 26%, 강남 논현역 집합상가의 공실률은 20%이다. 이 정도라면 상가가 예전처럼 확실한 수익형 부동산으로 기능할 수 있을지에 대한 전망조차 불투명하다고 볼 수 있다.

상가 시장의 저조는 근본적으로는 내수 침체와 결을 같이하지만 신규 택지개발이나 신도시 개발시 상업용지의 과다 설정에 따른 과잉 공급 탓도 크다. 대체로 상업용지는 주민 1인당 상가면적이 4~5㎡, 특화 상권 형성 시 6~7㎡인데, 최근 건물 용도의 복합화와 인구 유입 희망으로 주민 1인당 12㎡가 넘는 경우가 많아졌기 때문이다. 상가 분양 물량은 2023년 1.2만 호로 이전 시기에 비해 크게 줄었지만 물량이 줄더라도 이미 공급된 물량이 충분하고, 온라인 중심의 소비 트렌드 확산과 더딘 소비 회복세로 상권이 탄탄하고 수요가 충분한 업종 중심의 상가를 제외하고는 당분간 회복세로 전환되기는 어렵다고 볼 수 있다. E

# 경기 회복과 금융시장 안정
## 그리고 정부 규제 완화가 미칠 영향

**김선철**
무궁화신탁 도시재생사업부문 대표

주택 공급 부족으로 인한
가격 상승 압력이
재개발·재건축 수요를
더욱 자극할 가능성이 있다.
특히, 금리 하락과
규제 완화가 맞물리면
재개발·재건축 시장에 대한
투자 수요가 다시 증가할 것이다.

"고금리 장기화 및 원자재가 상승으로 공사비 폭등, 지방도 서울도 시공사 선정 유찰, 추가분담금 폭탄으로 사업중단 등 지금까지의 재개발·재건축 사업(이하 정비사업)은 추진에 어려움이 많았다. 2025년 재개발·재건축 시장은 경기의 완만한 회복과 금융시장의 안정, 정부 규제의 완화로 점진적 활성화가 기대된다. 특히 서울과 같은 수도권 지역은 공급 부족으로 정비사업 수요가 여전히 강할 것으로 보이며, 주요 변수로는 사업비 조달금리의 인하, 정부 규제완화 법개정 실행 여부, 공사비 하향 안정화를 통한 적정한 분담금 책정 등이 있다.

## 금리 인하와 원활한 자금 조달

2021년 8월 한국은행은 코로나19 팬데믹 이후 처음으로 기준금리를 인상하여 최근까지 고금리를 유지했으며, 2024년 10월, 38개월 만에 금리 인하를 할 때까지 고금리가 재개발·재건축 시장을 억제했지만, 2025년에는 금리가 안정되거나 하향 조정 될 것으로 예상된다. 금리 인하는 재개발·재건축 시장의 원활한 사업비 조달과 이주비 및 중도금, 잔금 대출 등 금융 레버리지 활용에 긍정적인 영향을 끼치므로 재개발·재건축 투자 심리가 회복될 가능성이 높다.

## 정부의 규제 완화

2025년에는 재개발·재건축 관련 각종 규제가 완화되어 시행될 예정이다. 2024년 8월에 발표된 8·8부동산대책을 통한 정비사업의 절차간소화, 갈등방지, 자금지원, 사업성개선, 개인부담 완화와 노후계획도시정비법을 통한 1기 신도시 선도지구 지정 등 신규 재건축 추진 단지들의 긍정적인 사업 추진이 기대된다. 특히 재건축초과이익환수제의 일부 완화나 면제가 논의될 가능성도 있다. 다만, 법개정이란 후속 조치가 있어야 실행되기 때문에 국회 최종 법안 통과 여부를 지켜봐야 한다.

## 수요 증가와 수도권 쏠림 현상

서울을 비롯한 수도권 지역의 주택 수요는 여전히 강하며, 특히 재개발·재건축을 통해 주거 환경이 개선되는 지역에 대한 관심이 지속될 것이다. 또한, 주택 공급 부족으로 인한 가격 상승 압력이 재개발·재건축 수요를 더욱 자극할 가능성이 있다. 특히, 금리 하락과 규제 완화가 맞물리면 재개발·재건축 시장에 대한 투자 수요가 다시 증가할 것이다. 다만, 경제적 기회 집중, 교육 기회, 문화 및 생활 인프라 구축 등의 이유로 서울을 중심으로 한 수도권 지역에 인구와 자원이 집중되는 현상인 수도권 쏠림 현상은 심화할 가능성이 있다.

## 수도권은 활발, 지방은 선별적

서울, 경기 등 수도권의 재개발·재건축 수요는 지속적으로 강세를 보일 것이다. 특히 재건축이 가능한 아파트 단지가 많은 강남, 목동, 여의도 지역은 가격 상승과 함께 수요가 매우 클 것으로 예상된다. 지방 6대 광역시 등 대도시의 경우 재개발·재건축에 대한 수요가 있는 곳이 있지만, 선별적으로 추진될 것이며, 근본적으로 인구 및 일자리 감소 등 여러 구조적, 경제적 요인들이 복합적으로 작용하여 사업추진이 어려운 지역도 있을 것이다.

## 친환경 개발 요구의 증가

2025년 이후 재개발·재건축 과정에서도 친환경 설계와 에너지 효율성을 고려한 건축물이 지속적으로 늘어날 것이다. 지속 가능한 개발을 위한 정부의 정책 강화와 ESG(환경·사회·지배구조) 요소에 대한 요구가 증가하면서, 친환경 인증을 받은 건물들이 더 큰 가치를 인정받을 가능성이 크다.

## 공사비 불안정에 따른 사업지연 리스크 요인

러시아와 우크라이나 전쟁의 장기화, 고금리, 고환율로 인한 인건비 및 원자재가 상승으로 폭등한 공사비가 하향 안정화가 안 될 경우, 재개발·재건축의 사업성이 떨어져서 소유자의 추가분담금이 증가하면 이는 사업지연 또는 중단에 매우 핵심 요인이 될 수 있다.

## 실전 투자가이드

**"재개발 보다는 재건축, '저층' '주공'아파트에 투자!"**
**"노후계획도시정비법 시행에 따른 1기 신도시 중 분당과 일산에 집중"**
**"추가분담금 최소화를 위해 직주근접 가능한 역세권, 공사비 유리한 1000세대 이상 단지로"**
**"투자 시 체크사항은 대지지분 가치비교와 공유지분 회피 중요"**
**"사업 성패의 핵심은 소유자, 조합, 시공사 등 참여주체 간 갈등 관리 여부"**

2025년 정부 규제완화의 방향은 재개발보다는 재건축에 집중하고 있다. 투자의 관점도 재개발보다는 재건축이 접근이 쉽고 유리하다. "저층 주공아파트에 투자하라!"란 '저층'은 대지지분이 넓은 아파

## '저층'과 '주공아파트' 의미분석

| 구분 | 저층 | 주공아파트 |
|---|---|---|
| 기준 | 5층 이하 아파트 | 과거 대한주택공사가 공급한 기반 시설이 우수한 아파트 단지 |
| 의미분석 | 넓은 대지지분, 높은 개발이익 | 도시계획에 의한 교육, 교통, 공원, 생활편익시설이 우수한 주거입지 |

자료:김선철, 마법의 재건축투자

트를 말하며, '주공'아파트란 기반 시설이 양호한 우수한 입지를 의미한다. 재건축 투자 시 대지지분이 넓고, 접근성 등 입지가 우수한 아파트에 투자해야 수익률을 극대화할 수 있다.

노후계획도시정비법 시행으로 1기 신도시 선도지구 지정 등 신규 재건축 추진 단지들 관련 긍정적 사업추진이 기대된다. 1기 신도시의 재정비는 단순 정비사업이 아닌 새로운 도시모델을 제시하기 위해 인구구조 변화, 4차 산업혁명, 기후변화 등을 고려한 새로운 개념의 도시계획과 기반 시설 확충을 종합적으로 검토하여 추진 계획 중이다. 1기 신도시의 현황과 現 평균용적률, 新기준용적률 및 선도지구 선정예정가구는 아래와 같다.

1기 신도시 중 개발사업성이 가장 우수한 지역은 現 평균용적률이 가장 낮은 일산이다. 그러나 新기준용적률이 300%로 상대적으로 낮다. 주민들의 사업추진 동의율(1기 신도시 선도지구 신청 평균 주민동의율 90.7%)이 가장 높은 분당이 現 평균용적률이 184%로 비교적 낮으며, 新기준용적률도 326%로 비교적 높다. 또한 분당은 新기준용적률에서 現 평균용적률을 뺐을 때 남는 용적률이 142%로 가장 높은 지역이며, 선도지구 선정 가구 수도 8000가구로 가장 많아 신속한 사업 추진이 가능하다. 따라서 1기 신도시 중 투자대상지역으로 가장 우수한 지역은 분당이다.

## 1기 신도시 현황과 現 평균용적률, 新기준용적률 및 선도지구 선정 예정 가구

| 지역 | 최초 입주 | 공급 가구 수 | 現 평균용적률 | 新기준용적률 | 現-新용적률 | 선도지구 선정 |
|---|---|---|---|---|---|---|
| 분당 | 1991년 | 9만7600가구 | 184% | 326% | 142% | 8000가구 |
| 일산 | 1992년 | 6만9000가구 | 169% | 300% | 136% | 6000가구 |
| 평촌 | 1992년 | 4만2000가구 | 204% | 330% | 126% | 4000가구 |
| 산본 | 1992년 | 4만2000가구 | 205% | 330% | 125% | 4000가구 |
| 중동 | 1993년 | 4만1400가구 | 226% | 350% | 124% | 4000가구 |

자료:국토교통부 발표 자료 편집

분당의 추가분담금을 시뮬레이션한 결과, 現 용적률 142%, 新용적률 330%, 공공기여율 10%, 일반분양가 3.3㎡당 5000만 원, 공사비 3.3㎡당 850만 원 적용하면 전용면적 59㎡ 소유주가 재건축 후 전용 84㎡에 입주할 경우 추정분담금은 2억2000만 원이다. 그러나 스마트시티, 장수명주택 등 공사비 상승요인과 마감재 고급화, 기타 사업비 추가에 따라 추정분담금은 3억 원 이상이 될 수 있으며, 現 평균용적률을 184%로 적용했을 때 추정분담금은 4억 원이 넘을 수 있다는 것을 투자 시 감안해야 한다.

정비사업 총사업비의 50~61% 이상을 차지하는 공사비는 소유자 추가분담금 산정의 핵심요인이다. 소유자의 추가분담금을 최소화하기 위해서는 분양가는 올리고 공사비는 낮춰야 한다. 직주근접의 역세권 단지가 입지적 장점으로 분양가를 높게 책정할 수 있으며, 단일 단지로 1000세대 이상의 단지가 공사비 절감에 유리하다. 왜냐하면, 1000세대 이상 대규모 신축아파트는 러시아·우크라이나 전쟁 등 지정학적 리스크에 따른 고유가로 인한 원자재가 상승, 글로벌 경제의 침체 및 리스크 상승에 따른 고금리, 고환율 등으로 인한 불안정한 공사비를 '규모의 경제'로 안정적 관리를 할 수 있기 때문이다. 아래 그래프는 투자자가 정비사업의 투자 대상을 선별할 때의 관점을 로직트리로 정리한 것이다.

분당 재건축 투자 시 주의해야 할 점은 1기 신도시에 공통적으로 제기되는 문제인 단지별 공유필지 존재와 동일평형의 대지지분의 차이 문제이다.

## 투자자 관점의 재개발·재건축 투자 대상 선별 기준

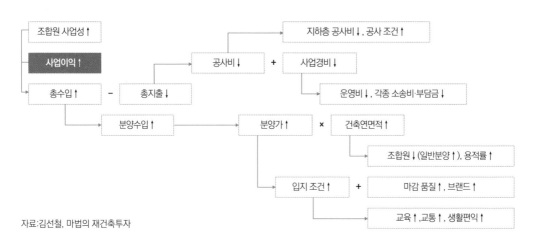

자료:김선철, 마법의 재건축투자

## 첫째, 공유필지 문제다

분당의 서현동, 야탑동, 이매동 등의 일부 아파트들은 인접 단지와 공유필지로 인하여 법적 소유권 문제 해결에 상당한 시간과 비용이 투입될 것으로 예상된다. 인접 단지 공유필지의 문제도 해결이 쉽지 않은데, 야탑동 A 아파트와 이매동 B 아파트는 행정구역이 다른 데도 공유필지의 문제가 있어서 법적 소유권 해결이 매우 어려울 수 있다. 공유필지는 물리적으로 분할이 어렵기 때문에 민법 제268조에 규정된 공유물 분할 소송 등을 통하여 법적 소유권을 분리하지 않는다면, 재건축 시 공유자 전원의 동의 없이 공유물을 처분하거나 사용할 수 없기 때문에 이러한 동의 절차도 복잡하며 재건축 추진이 어려울 수 있다.

## 둘째, 대지지분의 차이 문제다

수내동의 C 아파트는 동일한 전용면적 59㎡에서 2동의 대지지분은 3.58평이고 3동의 대지지분은 7.23평이어서 대지지분의 차이가 3.65평이나 차이가 나고 있다. 재건축사업은 기존의 건물을 철거하고 신축아파트를 건설하는 사업으로 종전감정평가 시 기존건물의 가치는 5% 미만으로 평가하며, 95% 이상은 대지지분의 가치로 평가하는 것이 일반적이다. 따라서 3.65평의 대지지분 차이는 평당 5000만 원의 가치를 적용했을 때, 1.8억 이상의 가치평가 차이가 발생하는 것이다. 등기시점에서 대지지분 배분이 합리적으로 이루어지지 않았을 것으로 추측되나, 이 부분을 합리적으로 정리하기에는 관리처분 단계에서 소유자들 간의 충분한 소통과 협의가 필요할 것으로 예상된다.

1962년 도시계획법을 토대로 시작된 정비사업은 1983년 도시재개발법과 1973년 주택건설촉진법이 2002년 도시 및 주거환경정비법으로 통합되었다. 사업 시작부터 준공까지 전체사업기간은 평균적으로 약 10년이 소요되나, 20년이 넘도록 사업 추진이 지연되는 사례도 있다. 문제는 63년 동안 변하지 않은 사업 지연 이유가 '소유자, 조합, 시공사 등 참여주체 간 갈등관계'라는 것이다. 참여주체 간 갈등관계를 최소화하고, 신속한 사업 추진을 위해서 63년 동안 발생한 단계별, 상황별, 참여주체별 인·허가청의 민원, 국토부 및 법제처의 유권해석, 각종 소송 판례 등 갈등 사례를 체계적으로 정리하여 민원사례와 해결 방안을 온라인 검색으로 쉽게 확인할 수 있도록 시스템을 제공해야 한다. 새로운 자료나 분석은 필요하지 않다. 지금까지 발생했던 분쟁 및 갈등 자료와 사례를 체계적 카테고리로 분류하여 소유자들이 쉽게 인터넷으로 검색할 수 있는 접근성만 강화되어도 갈등 관리는 효율적으로 최소화될 수 있고, 사업 기간 단축, 소유자 분담금 최소화, 갈등에 따른 사회적 비용의 감소, 안정적 신규주택공급에 이바지할 수도 있다. ▪

# 2025년 경제大전망

| | |
|---|---|
| **회장** | 곽재선 |
| **발행인** | 곽혜은 |
| **편집국장** | 권오용 |
| **지은이** | 이코노미스트 |
| **총괄진행** | 이병희 |

| | |
|---|---|
| **찍은날** | 2024년 11월 28일 |
| **발행일** | 2024년 11월 30일 |
| **편집** | 두애드 |
| **인쇄** | 엠아이컴 |

| | |
|---|---|
| **출판등록** | 2024년 11월 23일(제2022-000132호) |
| **주소** | 서울특별시 중구 통일로 92 KG타워 19층 |
| **문의전화** | 02)6906-2670 |
| **홈페이지** | www.economist.co.kr |

값 20,000원

※ 파본이나 잘못된 책은 바꾸어 드립니다.

ISBN 979-11-981033-1-4